ESSAI

SUR

LA MARINE,

Où l'on propose une nouvelle constitution ;

Par M. le Chevalier de * * *, ancien Officier de la Marine.

Le Nocher dans son art s'instruit pendant l'orage.
Et n'y devient expert qu'après plus d'un naufrage.
La Métromanie, acte *V.* PIRON.

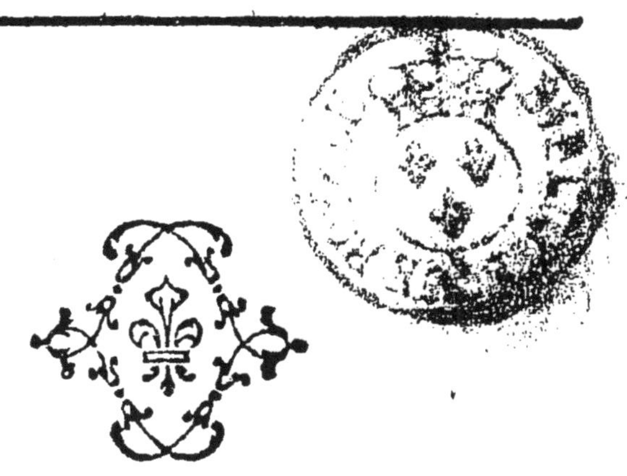

A AMSTERDAM,

1782.

PRÉFACE
DE L'ÉDITEUR.

L'Ouvrage que je préfente au Public eft digne de fon attention ; il n'eft dicté par aucun motif de haine ou de reffentiment. C'eft l'aveu de l'homme impartial ; le vœu du patriotifme , & l'hommage le plus libre , rendu à la vérité. Le Chevalier de * * * , que la mort vient d'enlever à fes amis , & à une fociété qui le chériffoit , eft l'Auteur de cet Effai. Dix-huit ans d'expérience dans la Marine , où il s'étoit acquis la réputation d'un bon Officier , l'ont mis à même de connoître mieux que perfonne les abus & les préjugés qui rendent fa conftitution vicieufe. Il en gémiffoit en filence dans la retraite qu'il s'étoit choifie. Parvenu au grade de Lieutenant de Vaiffeau , il quitta le fervice quelques années après la paix ; il se retira , parce que la délicatesse de sa santé , la franchise de son caractere , & les dégoûts qui en furent la suite , lui en firent une nécessité ; mais il ne perdit pas de vue , un seul instant , la Marine.

Les divisions de l'Angleterre & de ses Colonies nous présageant une guerre prochaine , on songea à remettre la Marine en activité. Le bruit de la coignée fit retentir nos chantiers ; on redoubla les préparatifs dans nos arsenaux ; on arma dans tous nos Ports : bientôt l'on vit , presque en même temps , une escadre à Toulon , & une armée navale à Brest. La premiere sortit , & les Politiques suivirent sa marche avec une inquiette curiosité. La seconde , destinée à défendre nos Côtes , rencontra la Flotte anglaise , & accepta le combat qu'elle lui présentoit. Si cette action ne fut pas décisive , on se félicita du moins d'avoir tenu tête à des ennemis accoutumés à nous vaincre. De nouveaux fuccès virent juſtifier nos meſures ; la Nation commença à prendre quelque confiance dans ſes forces maritimes ; on vit avec plaiſir notre commerce protégé , & nos Colonies pourvues ; on applaudit aux ſages diſpoſitions du Miniſtere , & l'enthouſiaſme gagna toutes les têtes. Seul au milieu de cette efferveſcence , le Chevalier de *** apprit tous ces efforts ſans émotion , ſans rien perdre de ſa tranquillité ordinaire. Ses amis , étonnés , lui reprocherent ces apparences de froideur & d'indifférence ; ce fut alors qu'il leur avoua qu'il voyoit avec peine, malgré nos proſpérités, qu'on rétabliſſoit la Marine ſur ſes anciens principes ; c'étoit, diſoit-il, élever un édifice nouveau ſur de mauvais fondements : il ajouta que ceux qui avoient déjà ſervi deux fois à fonder la Marine étoient défectueux ; qu'elle avoit fait deux chûtes, & qu'il en prévoyoit une troiſieme, dès qu'on iv

ne la rebâtiffoit pas fur une bafe plus
fixe & plus folide. Trompé, féduit
par de brillantes apparences, je fus
un de ceux qui s'étonnerent de fes
preffentiments finiftres : je lui en
écrivis ; il m'envoya fon Effai avec
la réponfe fuivante :

» Vous me demandez, mon ami,
» ce que je penfe de la fituation ac-
» tuelle de l'état maritime de la
» France ; je vous avoue que je vois
» avec une furprife mêlée d'admira-
» tion les reffources immenfes, les
» efforts étonnants que le Miniftre
» habile, qui eft aujourd'hui à la
» tête de ce département, vient de
» déployer. Son génie, fecondé des
» difpofitions favorables du Gouver-
» nement, a donné à la Marine des
» moyens qu'on auroit eu peine à
» foupçonner il y a trois ans (1),
» & une confidération que les mal-
» heurs de la derniere guerre lui
» avoient fait perdre. Dans l'incen-
» die général qui va embrafer le

____

(1) En 1775.

» nord & le midi des deux mondes,
» je trouve que la France joue réelle-
» ment le rôle que sa puissance, son
» étendue, sa dignité, sa prépondé-
» rance & son ressentiment lui pres-
» crivent. Mais, puisque vous dai-
» gnez consulter les lumieres qu'une
» vieille expérience m'a donnée sur
» un élément où j'ai passé ma jeu-
» nesse, je vais, sans prétentions,
» vous faire part de quelques réfle-
» xions désintéressées que vous ne
» trouverez pas sans justesse, & dont
» l'adoption forme depuis dix ans
» le plus sincere de tous les vœux
» que je fais dans ma retraite pour
» le bonheur de ma Patrie.

» J'admire sans doute avec vous,
» mon ami, l'extension qu'on a
» donnée aux forces maritimes de
» la France; mais je ne me laisse
» point éblouir par cet éclat mo-
» mentané, si j'ose croire que la
» puissance de la Marine ne sauroit
» être que passagere ou illusoire,
» tant qu'on ne détruira pas les vi-
» ces qui se sont glissés dans son ad-

» miniftration , tant qu'on ne corri-
» gera pas les préjugés qui la domi-
» nent. Frappé de ces deux vérités,
» j'ai long-temps réfléchi fur les obf-
» tacles que ces défauts apportent à
» fon élévation , & j'ai penfé qu'il
» étoit de toute néceffité d'en chan-
» ger la régie & d'en réformer la
» conftitution. Pour mettre de l'or-
» dre dans mes idées, & rendre rai-
» fon de mon opinion, j'ai compo-
» fé le petit Effai que je vous envoie
» cijoint : lifez-le avec attention ,
» & vous me direz enfuite , avec
» franchife , fi le plan de réforma-
» tion que j'y trace ne remédie pas
» à tous les abus dont nous avons
» eu plus d'une fois occafion de rai-
» fonner enfemble. Vous reconnoî-
» trez aifément , je me flatte , que
» je n'ai eu en vue que la profpérité
» permanente de la Marine ; & que
» fi je dis ma penfée fans détour ,
» je n'ai pas non plus, quelques
» foient mes expreffions, le deffein
» d'offenfer l'adminiftration actuel-
» le, ni de blâmer les opérations du

» Miniſtere. Je ſais qu'il eſt plus aiſé
» de retoucher les reſſorts d'une
» machine compliquée à qui on a
» donné depuis long-temps une im-
» pulſion habituelle , que de les
» changer totalement : auſſi je n'at-
» tache pas aſſez d'importance à
» mon projet , pour croire qu'il
» puiſſe opérer cette grande révolu-
» tion : je n'ai écrit que pour dé-
» velopper mes idées & juſtifier
» mes preſſentiments. Si je pouvois
» me perſuader cependant que le
» Gouvernement , ſans être choqué
» de la hardieſſe de mes réflexions ,
» rendant juſtice à la pureté de mes
» vues , pût trouver mon travail
» digne de ſon attention , je m'em-
» preſſerois de le lui offrir. En at-
» tendant que je le donne au Public ,
» je vous en fais dépoſitaire ; je vous
» prierai , comme lui , de l'accueil-
» lir avec indulgence , & de ne
» pas juger avec trop de ſévérité le
» ſtyle & les expreſſions d'un vieux
» Marin plein de droiture & de fran-
» chiſe , que le bonheur de ſa Patrie

viij

» occupe tout entier. Adieu, mon
» ami, je sens que ma santé s'affoi-
» blit tous les jours : je crains bien
» de n'avoir pas le temps de juger
» de l'impression qu'aura fait mon
» Ouvrage. Venez me voir, je vous
» expliquerai mes intentions ; & si
» la mort me surprend dans mes
» projets, vous me suppléerez. Je
» suis, &c. &c. »

Effectivement, le Chevalier de***
survécut peu à cette lettre. Nous
nous vîmes plusieurs fois ; il me re-
mit tous ses papiers, en me faisant
promettre que je me chargerois de
l'édition de son Ouvrage ; il me re-
commanda surtout de le bien cacher
sous le masque de l'anonyme ; il ne
vouloit pas, disoit-il, que qui que
ce soit pût insulter à sa mémoire.
Des circonstances dont il est inutile
de rendre compte ici, en ont retardé
l'impression. Je le donne aujourd'hui
au Public tel qu'il est sorti de ses
mains ; je ne me suis permis que d'y
joindre quelques notes qui m'ont
paru nécessaires.

PRÉFACE
DE L'AUTEUR.

IL n'appartient qu'à la liberté de connoître la vérité & de la dire. Quiconque
eſt gêné, ou par ce qu'il doit à ſes maîtres, ou par ce qu'il doit à ſon corps,
eſt forcé au ſilence ; s'il eſt faſciné par
l'eſprit de parti, il ne devient que l'or-
gane de l'erreur. Ce n'eſt en effet que
depuis que j'ai goûté la douceur de l'indépendance, que je me ſuis ſenti la force
de parler librement. Deſtiné de bonne
heure au ſervice de mer, j'adoptai toutes les opinions & les préjugés du corps
où j'étois élevé, & dont j'étois loin de
ſoupçonner l'injuſtice : ce n'a été que
lorſque l'âge, l'expérience & les réflexions ont mûri mon jugement, que j'en
ai connu la fauſſeté. A meſure que les
circonſtances aiderent à me déſabuſer,
je pris peu à peu de l'éloignement pour
un état pénible que ma complexion délicate m'auroit forcé de quitter plutôt ſi
j'avois pu le faire d'une maniere convenable. La paix de 63 vint m'en fournir

les moyens. Je me retirai dans le sein de ma famille, loin du tumulte des côtes & du vuide affreux de nos départements. C'est dans cette douce retraite, qu'entiérement dégagé des illusions mensongeres qui m'avoient trop séduit, j'ai examiné, de sang froid, les suites funestes des opinions dominantes du corps que je venois de quitter, les malheurs où ses fautes nous avoient conduits, l'incomprehensible indifférence du Gouvernement, & les conséquences fâcheuses qu'on en pouvoit tirer pour l'avenir.

Heureusement l'esprit de vertige & de présomption, suite naturelle de celui de conquête, & compagne inséparable des succès éminents, s'empara de notre orgueilleuse rivale, tandis que nous étions engourdis sous le poids de notre propre honte. La tyrannie ne connoît que deux moyens, le fer pour enchaîner, & l'or pour séduire. Le Gouvernement britannique voulut les employer tour à tour pour tromper ses Colonies, leur imposer de dures loix, & leur faire partager, sans les consulter, le fardeau de la dette nationale. Remplies du sentiment de leurs propres forces, elles s'indignerent des atteintes que l'on portoit à leurs chartres, & prirent la noble résolution d'ob-

tenir par la réſiſtance ce que les repréſentations les plus ſages n'avoient pu ga-
gner. Les premiers bruits de cette grande querelle nous retirerent de l'aſſoupiſ-
ſement où nous étions plongés. Attentif
à ſaiſir les occaſions qui s'offriroient de
réparer ſes pertes & de prendre ſa revanche, le Miniſtere conçut enfin l'eſpoir de
tirer parti de cette méſintelligence : il
ſentit que la Marine devoit jouer le plus
grand rôle dans cette occaſion ; il s'ap-
pliqua à monter la nôtre ſur un pied qui
inſpira de la confiance aux inſurgents
Américains ; il ſe repentit, mais trop
tard, de l'avoir négligé.

Dans le laps de temps qui s'étoit écoulé
depuis la ſignature du Traité de Verſail-
les, juſqu'au moment où l'on jetta les
yeux ſur elle, la Marine ne s'étoit occu-
pée qu'à affermir ſon indépendance, où à
lutter contre un Mîniſtre entreprenant
qui avoit voulu l'aſſervir. Son ſucceſſeur,
en la comblant de graces, lui fit trop appercevoir le beſoin qu'on croyoit avoir
de la ménager : ſon génie qui s'étoit diſtingué dans une autre carriere, n'oſa pas
entreprendre de parcourir celle-ci ſans
guides ; il eut l'adreſſe de les choiſir dans
la Marine même, pour avoir l'air de ne
ſuivre que ſon impulſion, & pour ſe mé-

nager une excufe contre les revers qu'il n'eût pas pu éviter ou prévoir. On voit aujourd'hui, avec étonnement, l'état de fplendeur où il l'a monté, les moyens qu'il lui a procurés : l'Europe entiere en eft furprife. La puiffance de la Marine actuelle nous rappelle les beaux jours du fiecle de Louis XIV : mais celle que ce Monarque avoit créée, renfermoit dans fa conftitution des vices qui l'anéantirent ; celle-ci nourrit des préjugés qui lui préparent le même fort.

Le plan de réformation que je viens offrir dans cet Effai peut l'en préferver : il eft tracé d'après ma propre expérience, & vingt ans d'obfervations. Je fais qu'il n'eft pas fans difficulté. La premiere, & la plus grande qu'il auroit, je penfe, à combattre, eft cet éloignement prefqu'invincible qu'on a toujours pour toute innovation. Une coutume s'établit dans des temps d'ignorance, & fe perpétue dans des temps éclairés. Par cela feul qu'elle exifte, tout abus s'éternife de lui-même : c'eft l'écurie d'Augias, il faudroit un Hercule pour la nettoyer. Les moyens que je propofe pour détruire ceux qui infectent la Marine actuelle, paroîtront, j'en fuis fûr, impraticables au plus grand nombre : on ne fera frappé que de la difficulté de les mettre en pratique , sans faire attention aux biens infinis qu'ils doivent produire. La mauvaise volonté ne seroit pas le moindre obstacle que mon projet auroit encore à surmonter : c'est sur-tout des Officiers de la Marine que l'on doit attendre le plus de résistance ; ils ne verront jamais d'un œil tranquille l'adoption d'une réforme qui anéantit ce système d'unité , qui les rend , suivant leurs idées , redoutables même a l'autorité qui les régit. On doit s'attendre encore aux plus vives réclamations contre un plan qui , en les divisant , les assujettit à servir constamment sous les ordres d'un même chef , avec les mêmes camarades & sur le même bâtiment , parce qu'ils ne voudront jamais renoncer à la facilité qu'on les a laissé prendre de se choisir entre eux , de se rapprocher ou de s'éloigner , de se réunir ou de se quitter , suivant que le rapport des caracteres ou la différence des prétentions font , comme ils le disent eux-mêmes , qu'on se trouve bien ou qu'on ne se convient pas. De-là cette mutation continuelle que la Marine est accoutumée à mettre au rang de ses plus chers privileges : de-là cette source intarissable des égards singuliers , des ménagemens étonnants que l'on ap=

perçoit, tous les jours, des chefs aux différents subordonnés, & de ceux-ci entre eux ; complaisances qui font la réputation des premiers dans le corps, & l'objet continuel des prétentions des seconds. Mille prétextes coloreront cette répugnance. La difficulté des convenances, parmi les gens pris au hazard, en sera le plus fort & le plus plausible. Comment, s'écrieront-ils, peut-on proposer sérieusement à des hommes rassemblés sans choix par des ordres supérieurs, dont l'âge, les goûts, l'humeur, ont quelquefois si peu de ressemblance, de demeurer unis & resserrés comme une famille ? Pourquoi forcer des individus, dont les penchants & la façon de penser font souvent incompatibles, à vivre éternellement ensemble ? Je réponds qu'avec de la douceur, de l'honnêteté, & une éducation soignée, on se procure partout une existence supportable. D'ailleurs, en y mêlant chacun un peu du sien, en se prêtant aux défauts comme aux fantaisies des autres, on obtient la même indulgence pour les siens. Enfin, il en est des sociétés comme des bonnes tables, qui ne font excellentes que quand elles peuvent satisfaire à tous les goûts ; il faut, tout service à part, que la liberté en foit le fond , que l'enjoué y délaffe le férieux , que le férieux ne rebute point l'enjoué , que les égards s'y excitent les uns les autres , que la complaifance ne foit ni exigée ni tardive , que le devoir de s'y rendre de bons offices ne foit ni lent ni infpiré , que l'intérêt perfonnel ne foit ni trop dominant dans les uns ni trop facrifié dans les autres ; en un mot , il faut que tout y foit fi bien mefuré , que de l'attenfion générale il réfulte un tout impénétrable à l'humeur , à la jalou-fie , au dégoût , à l'ennui ; & alors une telle fociété fera fi unie & fi heureufe , que les individus qui la compoferont, ne craindront rien tant que de s'en voir fé-parés. C'eft en fe formant fur ce modele , & en perfiftant dans ces difpofitions, que les membres d'un Etat-Major fe montre-ront d'un commerce facile, s'uniront par des procédés réciproques : c'eft en par-tant de ces principes qu'il s'établira de lui-même entre eux un efprit de corps qui leur fera particulier , & en même-temps le meilleur & le plus avantageux pour la jeuneffe qui viendra fe préfenter en foule pour y être admife. Cette école fera bien différente de ce qu'elle eft au-jourd'hui : on n'y puifera plus cet efprit d'orgueil & d'infubordination qui rend la Marine ſi étrangere à tous les autres corps : on n'y verra plus ces ménagements exceſſifs , cette indulgence pernicieuſe pour des fautes que la foibleſſe cache , l'autorité diſſimule , & l'impunité rend plus graves. Dès qu'un jeune homme ne répondroit pas à l'opinion qu'on ſe feroit formée de ſon caractere , aux ſoins que ſa famille s'eſt donnés pour lui , à l'eſpoir qu'elle en avoit conçu en le voyant placé ; dès que l'Etat-Major qui a bien voulu l'accueillir , de préférence , s'appercevroit que ſes penchants vicieux ſont plus forts que les moyens qu'on emploie pour le corriger , il ſeroit renvoyé ſur le champ , ſans écouter ni reſpect humain , ni conſidération , ni aucuns de ces petits prétextes que la vanité deguiſe.

Ce préjugé d'orgueil qu'on a ſi mal défini n'eſt pas le ſeul dont on accuſe la Marine : on lui reproche , avec bien plus d'aigreur, cette jalouſie envieuſe , inquiette, ſi attentive à fermer la porte au mérite qui cherche à percer , ou à dégoûter, ſans relâche, celui qui a ſu parvenir malgré elle Et cependant de tous les préjugés ' c'eſt le plus excuſable, puiſque le Gouvernement lui-même ſemble l'autoriſer. En effet,

que fignifie cette différence entre le
Port & la Marine ? Comment fe fait-il
qu'on foit du même corps fans en être,
qu'on participe aux mêmes privileges,
qu'on prétende aux mêmes honneurs,
fans jouir des mêmes confidérations ?
A quoi fervent ces grades intermédiaires, qui ne femblent établis que pour
rendre ceux qui les occupent aujourd'hui
fupérieurs & demain fubordonnés ? Pourquoi ces deux chemins pour parvenir au
même but ? Je compare l'un à un fentier
détourné, rocailleux & pénible, bordé
de ronces & d'épines, qui mene lentement à confidérer de loin une éminence
prefqu'inacceffible, tandis que l'autre me
paroît une grande route aifée, fleurie,
en pente, tracée à côté pour y conduire
le *grand corps* à toute bride. Cette bi-
zarrerie de l'ordonnance n'eft pas une
des moins curieufes de celles que l'on
trouve au chapitre des contradictions humaines. N'eft-elle pas une nouvelle preuve de la condefcendance du Miniftere,
pour cette vanité infoutenable qui fe reproduit fans ceffe fous mille formes
différentes ? Plus on la careffe, plus on
la rend chatouilleufe fur ces diftinctions.
Pourquoi craindrions-nous de le dire ?
Ce ne font pas des titres que le métier

de la mer exige : c'eſt un coup-d'œil juſte & exercé de la honne volonté, de l'application, & une conſtitution ſaine & robuſte. On a rebuté la roture, ou, pour mieux dire, on lui a fixé une route excluſive, & on ne s'eſt pasapperçu qu'on s'eſt privé par-là de bien des reſſources. Il n'eſt pas commun de trouver réunis dans un même ſujet, à un degré éminent, les qualités qui conſtituent le grand marin, ni le concours heureux des circonſtances qui les développent. En écartant la concurrence, on s'interdit la faculté du choix, on ferme la barriere au mérite, & on éteint toute émulation. Quand je vois un homme né dans l'obſcurité, & qui a parcouru l'eſpace qui ſe trouvoit entre ſa naiſſance & les dignités dont il eſt revêtu ; qui eſt parvenu, malgré les chemins tortueux qu'il a rencontrés, ſans d'autres guides que ſon devoir, ſans autre appui que ſon mérite ; quand j'apperçois, dis-je, un homme tel que je le dépeins, je ne puis m'empêcher de l'admirer, & de penſer, avec tous les gens ſenſés, qu'il peut ſe montrer ave confiance ; que tous les yeux voleront à ſon paſſage ; qu'on s'empreſſera de l'aprocher ; qu'il verra tous les égards lui annoncer ſes dignités ; tous les reſpeets, son élévation ; & qu'il n'y aura que la médiocrité, l'envie ou la basse, qui puissent lui refuser son suffrage & ses applaudissements. Mais il faut être dégagé de tout esprit de corps pour rendre justice au mérite modeste, & lui pardonner la préférence qui l'a fait passer avant nous. C'est un effort de l'amour-propre qui est bien rare ! Inventée par lui, l'ancienneté du tableau est une borne à l'intrigue, un obstacle à la faveur, j'en conviens : on m'accordera aussi que sa lenteur étouffe les talents, rebute le génie, & assoupit l'émulation. Je circonscris cette loi d'ancienneté dans un cercle, pour affoiblir son action, ouvrir une carriere plus vaste à l'ambition, rendre plus saillant le mérite, & fournir à l'œil éclairé du ministere les moyens de les distinguer & de le placer plus avantageusement. Si mon projet tend à ce but, on m'avouera qu'il est aussi louable que mes intentions sont pures.

Je ne m'arrêterai pas à le prouver, ni à développer ses avantages ; c'est au Lecteur judicieux, qui a plus d'une fois senti les maux que je cherche à guérir, à prononcer sur l'efficacité de mes remedes. Peut-être plus de précision & de méthode, la magie d'un style brillant les eût fait valoir ; mais on sait assez que la mer n'est pas le champ de l'éloquence : ce n'eſt pas au milieu de ſes écueils qu'on acquiert ce goût , cette heureuſe facilité de bien exprimer tout ce qu'on veut dire. J'ai même ſi peu de prétentions à cet égard, que je ne crains pas de prévenir ici, pour éviter tout reproche ſérieux , que j'ai fait uſage de tout ce qui a paru me convenir ; que je me ſuis approprié le ſtyle, & même les expreſſions d'autrui, quand j'ai trouvé qu'elles rendoient parfaitement ma penſée ; qu'elles lui prêtoient même de la force & de l'énergie ; en un mot, quand j'ai ſenti que je ne l'aurois pas ſi bien énoncé. Que m'importe, en effet, qu'on applaudiſſe à la pureté de ma diction, pourvu qu'on examine attentivement mon ſyſtême, qu'on en goûte l'utilité , & qu'on applaudiſſe au motif qui m'anime. Ce n'eſt pas le deſir de me diſtinguer qui m'a fait prendre la plume, j'ai voulu rendre un hommage publique à la vérité, montrer le chemin qui doit y conduire , faire connoître enfin l'abus des préjugés qui nuiſent à la proſpérité de la Marine, & encore plus à ſa gloire. Si mon projet n'eſt pas approuvé, il rentrera dans la foule de ces productions éphémeres qu'enfantent le loiſir , & qui n'ont pas toujours un but ſi ſage : je croirai que le moment n'eſt pas encore venu ; & s'il doit venir, je l'attendrai en ſilence.

ESSAI

SUR

LA MARINE.

INTRODUCTION.

IL eſt triſte d'imaginer que le premier art qu'aient inventé les hommes, ait été celui de ſe nuire ; & que, depuis le commencement des ſiecles, on ait combiné plus de moyens pour détruire l'humanité, que pour la rendre heureuſe. C'eſt cependant une vérité bien prouvée par l'hiſtoire. Les paſſions naquirent avec le monde; elles enfanterent la guerre : celle-ci produiſit le deſir de vaincre, & de ſe nuire avec plus de ſuccès, l'art militaire enfin. Dabord foible dans ſa naiſſance, il ne fut d'homme à homme que le talent de tirer parti de ſon adreſſe & de ſa force. Borné enſuite entre les familles & les hordes ſauvages qui s'avoiſinoient, il ſe contenta de porter la déſolation chez l'habitant de la même contrée, de la même rive; de lui diſputer

des troupeaux élevés dans de plus gras pâ-
turages, une situation plus heureuse, plus
abondante en gibiers. Bientôt il s'étendit
en subjugant tout ce qui l'approchoit ; com-
bina plus de moyens & plus de forces, &
rassembla une plus grande quantité d'hommes. Il s'éleva sur la terre des ambitieux
qui se trouverent trop resserrés dans les limites que la nature leur avoit prescrites :
la mer étoit une barriere à leur ambition ;
ils entreprirent de l'affranchir : les bateaux,
les frêles barques qui n'avoient d'abord servi qu'à passer les rivieres les plus larges,
les fleuves les plus rapides, les lacs de quelque étendue, devinrent, en leurs mains,
les moyens de porter la destruction sur les
rivages les plus éloignés de leurs propres
foyers. Les premiers qui l'oserent, surpre-
nant des peuples sans défense, ne rencon-
trerent aucune opposition. Cette témérité
leur valut les plus prompts succès ; ils s'en
retournerent chargés de butin. Revenus de
leur premiere terreur, les peuples victimes
d'une innocente sécurité, sentirent qu'il falloit se tenir sur leurs gardes : ils crurent
d'abord qu'il valoit mieux attendre l'ennemi
de pied ferme, que d'aller, au travers des
mers, à sa rencontre ; ainsi les Troyens
n'opposerent aucunes flottes à l'armée combinée des Grecs.

Quelques peuplades, fixées sur les bords de
la mer dans une position avantageuse, mais
sur un sol ingrat, connurent les premiers

les avantages de la navigation & du commerce maritime. L'induſtrie, toujours fille
de la néceſlité leur apprit de bonne heure
les profits des échanges multipliés : ils furent
mettre à contribution le luxe des grands
peuples, pour ſe procurer les ſubſtance de
premier beſoin que leur ſol aride leur
refuſoit ; & , par un effort ingénieux, ils
trouverent bientôt, dans leurs propres ma-
nufactures, les objets les plus précieux de
ces échanges. Ainſi, la belle pourpre de
Tyr enrichit cette Ville induſtrieuſe : bientôt ſon commerce s'étendit dans tout le
monde connu ; ſes vaiſſeaux allerent aborder ſur les rivages les plus éloignés , ſur
des côtes qu'on croyoit déſertes , inacceſ-
ſibles; ſes flottes mêmes ſervirent l'ambition des Souverains les plus puiſſants ,
fonderent des Colonies lointaines. Mais le
luxe & l'abus des richeſſes ramollirent ſes
habitants, & préparerent de loin leur défaite : d'ailleurs, leurs propres Colonies
devinrent leurs rivales, diſputerent à la
Métropole l'empire de Neptune , en éta-
bliſſant la concurence ; & ce choc d'intérêt fut l'origine des premiers combats ſur
mer.

Les grands Souverains ſe laſſerent bientôt d'avoir à leur ſolde les flottes de ces
peuples marins; ils voulurent en acquérir la
propriété ; ils fonderent des établiſſements
maritimes, ou ſubjuguerent les peuples qui
les avoient fondés. Tous regarderent comme

un avantage la proximité de la mer ; tous ceux qui en jouissoient se hâterent de construire des flottes : on distinguoit déjà les bâtiments pour la guere, & ceux pour le commerce. Les isles d'une certaine étendue, ne pouvant communiquer avec les autres peuples qu'en se hasardant sur cet élément, fournirent les premiers navigateurs, & eurent un commerce maritime plus ancien & plus considérable. Leur industrie se tourna entiérement vers la mer. De-là cette rivalité qui divisa si long-temps les républiques de la Grece & de la Sicile, & alluma la guerre du Péloponese : de-là cette haine opiniâtre entre Rome & Carthage, qui se manifesta avec tant d'animosité, & ne finit que par la destruction de cette derniere : de-là enfin cet esprit de politique, cette jalousie, ce desir d'envahir tout le commerce maritime qui fait mouvoir tous les ressorts du Gouvernement anglais. Ses pavillons flottent sur toutes les parties du globe : il prétend à la souveraineté des mers ; mais il touche à sa décadence, ou du moins il épuise ses dernieres ressources ; & la séparation de ses Colonies va les diminuer pour l'avenir. Bien-tôt réduit à ses propres forces, il sera obligé de régler ses efforts sur ses moyens.

C'est cette juste proportion que la France ne doit jamais perdre de vue. Nous trouvons dans le siecle passé des preuves de ce que j'avance.

L'ambition

L'ambition de Louis XIV ayant à lutter à la fois contre les deux Puissances maritimes les plus redoutables, l'Angleterre & la Hollande, il fallut faire des efforts inouis pour leur tenir tête. Son génie qui ne connoissoit point d'obstacle, & qui savoit animer le courage par les récompenses & les distinctions, fit des choses incroyables. Il falloit avoir une Marine à leur opposer; il l'a créa, & bientôt elle égala celle de ses ennemis. Il eut des escadres nombreuses, bien armées & bien conduites, qui lui donnerent des succès éphémeres. Ses prospérités ayant excité la jalousie, & causé de l'ombrage à toutes les Puissances de l'Europe, la confédération devint générale. Attaqué de tous côtés, il eut à défendre, à la fois, ses frontieres, ses côtes & ses colonies; il mit tout son Royaume sur pied; il épuisa la France dans le temps de ses victoires, & la mit, dans ses malheurs, à deux doigts de sa perte.

Tourville ne put, avec quarante vaisseaux de ligne, faire face aux flottes combinées d'Angleterre & de Hollande, plus fortes que lui du double. Pour n'avoir pas eu un Port où faire sa retraite, il perdit la plus grande partie de son armée navale. La défaite de la Hogue fut le coup de grace donné à la Marine de France. Réduit à nous défendre, par terre, dans la guerre de la succession, on perdit de vue la Marine. Elle fut abandonnée; &, sous le regne suivant,

2
3
4

le Miniftre fage & timide qui tenoit le timon de l'Etat, traita la France comme un
malade convalefcent qui a befoin de recou-
vrer, par le repos, fes forces abatues. Il
négligea la Marine ; il ofa même penfer
que la France pouvoit s'en paffer. Ce fu-
nefte préjugé trouva trop de créance, &
s'établit contre les principes de la plus faine
politique.

Les malheurs de la guerre derniere ont
fait abjurer cette erreur. Le Gouvernement
paroît perfuadé aujourd'hui qu'il nous faut
une Marine puiffante ; mais c'eft dans le
régime de fa conftitution, bien plus que
dans le facrifice que l'Etat eft difpofé à faire
pour elle, qu'il faut lui trouver un folide
appui. Il n'eft pas néceffaire de lui donner
tout à coup un accroiffement gigantefque ; il
doit être progreffif, & proportionné aux
befoins de l'Etat. Il fuffit qu'il puiffe lui fervir de contre-poids dans la balance de l'Europe.

Ce n'eft pas qu'il faille entiérement attribuer au fyftême d'équilibre formé du choc
des intérêts des Puiffances européennes,
cette vigilance actuelle de tous les peuples
fur les démarches de leurs voifins, cette
correfpondance de toutes les Cours, l'efpece d'impoffibilité où font les Nations de
s'étendre & de fe conquérir (1) ; elle pro-

---

(1) Il ne faut pas citer l'envahiffement de la Po-
logne comme un fait contradictoire à ce que j'avance

vient plutôt de ce qu'aucune de ces Nations n'est supérieure aux autres par ses mœurs & sa constitution ; de ce qu'elles sont toutes contenues dans leur sphere, par la foiblesse & la ressemblance de leurs Gouvernemements.

Examinons maintenant si l'administration de la Marine répond à l'intention du Ministere, à l'espoir du Gouvernement, & aux dépenses qu'il fait pour elle. Son début prouve à tous les yeux qui sont ouverts sur sa conduite, que dans les occasions où les circonstances ne se sont pas montrées contraires, elle a fait voir un courage & une audace vraiment héroïque. Les combats de *la Belle-Poule*, du *Triton*, de *la Surveillante*, de *l'Oiseau*, de *la Concorde* & de *la Capricieuse* ; les avantages remportés *sur Byron*, *Hyde-Parker* & *Rodney*, sont des faits qui annoncent ce dont elle est capable ; mais en admirant, avec toute la France, ces preuves d'une valeur qu'on n'a jamais contestée, s'ensuit-il qu'on doive applaudir aux malheureux préjugés qui la gouvernent ? Examinez de près ce corps puissant, & vous verrez l'intérêt particulier prévalant sur le bien général ; une basse jalousie excitée par des succès dont on devroit se réjouir ;

---

ici. Ce n'est pas une seule Nation qui s'aggrandit par ses conquêtes, par ses propres forces ; c'est la confédération de trois Puissances qui s'entendent pour en dépouiller une quatrieme.

un préjugé d'orgueil le plus ridicule & le plus mal entendu, étouffant l'ambition des sous-ordres à qui il ne laisse aucune perspective consolante ; le mépris prodigué, sans distinction, à des sujets que le Gouvernement force, sans choix, à venir l'essuyer ; l'avilissement offert en partage à ces mêmes hommes, parce qu'ils n'ont que des lumieres sans naissance, ou parce que l'Etat a cru avoir besoin de ces lumieres ; le nom même d'Officiers auxiliaires dont il les a honorés, devenu presqu'une qualification déshonorante (1) ; les classes épuisées pour n'avoir pas su ménager par les soins de la propreté (2), & d'autres petits détails ; la

---

(1) Rien de si bien vu & de si mal exécuté que l'emploi de ces officiers auxiliaires. Pour n'avoir pas donné aux premiers qui se sont offerts un encouragement nécessaire ou un rang distingué, fondé sur de justes prétentions des avantages certains pour l'avenir, des exemptions, des prérogatives, on a manqué le but d'un établissement dont on pouvoit attendre les plus heureux effets ; ceux dont les connoissances, les lumieres & l'éducation formoient autant de titres pour obtenir la préférence, se sont retirés, ou ont été détournés de s'offrir, parce qu'une juste compensation des mépris ridicules qu'on affecte pour eux leur a été refusée. Si un Officier qui auroit bien servi toute la guerre avoit eu la perspective assurée de jouir de quelques privileges, comme celui de porter l'uniforme toute sa vie, ou d'être soustrait au despotisme du Commissaire aux Classes, ou d'obtenir enfin quelqu'autre espece de considération, l'Etat auroit trouvé, sans nombre, des sujets distingués, en place de ceux qu'on a forcés à venir dévorer des affronts journaliers.

(2) On a vu un vaisseau, sorti avec l'escadre du Comte de Guichen, rentrer, après quinze jours de

fanté de ces hommes précieux à l'Etat , &
qu'on ne confidere point affez. Tel eft le
tableau que préfente l'efprit de Corps, & la
régie de cette Marine qui fe montre fi vaine.

Fatigué de tant de maux , étonné de tant
de petiteffes , fi l'homme d'état, fi le philo-
fophe trouve à repofer fa vue fur des objets
plus confolants, c'eft fur les vérités morales & politiques que je viens lui offrir , qui ,
filtrant lentement à travers les erreurs &
les préjugés , fe développeront peu à peu ;
parviendront peut-être un jour aux hommes
principaux des Nations ; s'affeyeront fur les
trônes , & rendront la Marine de la poflé-
rité plus heureufe & plus redoutable.

J'ai dit que le vice de la conflitution maritime étoit par-tout le même à-peu-près ;
que les Gouvernements qui fe difputent le
trident de Neptune , fe reffembloient tous
en un point. D'où vient cela ? C'eft que la
corruption , faifant par-tout à-peu-près les
mêmes progrès , les mine tous , & les affoiblit plus ou moins.

---

mer , avec foixante hommes fur les cadres , dont il en
avoit jetté dix à douze à la mer ; & cela , par une
contagion occafionnée par la mal-propreté. L'entrepont
étoit couvert d'un pouce d'ordure d'où s'exhaloient des
miafmes putrides , infectants , capables de produire la
pefte. On lui refit fon équipage : des hommes très-
fains , tranfportés à bord de ce vaiffeau , y tomboient
malades deux jours après , & étoient remplacés par
d'autres qui y attendoient le même fort. Ce vaiffeau
auroit dû être nettoyé , parfumé , lavé avec du vinaigre bouillant.

Que réfulte-t-il , en effet , aujourd'hui de nos guerres maritimes ? Les États n'ont ni tréfors , ni excédent de population ; leurs dépenfes de paix font déjà au-deffus de leurs recettes : cependant on fe déclare la guer-re ; on met des efcadres en mer ; la cupi-dité équipe des Corfaires ; les premiers prêts font les plus heureux ; on entre en campagne avec des armées navales qu'on ne peut ni payer ni recruter. Vainqueur ou vaincu , on s'épuife à-peu-près également ; la maffe des dettes nationales s'accroît ; le crédit baiffe ; l'argent manque ; les flottes ne trouvent plus ni de matelots, ni de fol-dats ; les Miniftres, de part & d'autre , fentent qu'il eft temps de négocier , la paix fe fait ; quelques Colonies changent de maî-tre ; la fource des querelles ne tarit jamais ; & chacun refte affis fur fes débris , occupé des moyens de payer fes dettes & à aigui-fer fes armes.

Dans cette trifte fituation , quel doit être le but de la politique des peuples ? Celui de fe fortifier au-dedans , plutôt que de chercher à s'étendre au dehors ; de refferrer les refforts d'une conftitution maritime , trop foible & mal entendue ; de porter au plus haut point de perfection toutes les par-ties de fon adminiftration ; d'augmenter fa vigueur & fa puiffance , en faifant germer dans fon fein les vertus & l'émulation du patriotifme : de rectifier les idées des ma-rins, en leur infpirant un efprit de corps

tout différent de celui qui les anime aujour-
d'hui.

S'il est une Nation, sur toutes, à laquelle
convienne cette sage réformation, & qui
doive se hâter de l'embrasser, c'est la mienne, qui, heureusement assise au milieu de
l'Europe, sous la plus belle température,
sur le sol le plus généralement fertile, en-
tourée presque par-tout de limites que la
nature semble avoir posées, peut-être assez
puissante pour n'avoir rien à redouter de ses
voisins : c'est la mienne, parce que, si j'ose
le dire, c'est celle dont la constitution maritime a déchu avec le plus de rapidité. On
me dira peut-être, trompé par l'aspect im-
posant de nos flottes, que, bien loin de
décheoir les grands moyens qu'elle vient de
déployer, annoncent sa vigueur, & que
son augmentation annuelle doit rassurer sur
sa décadence.

Je conviens que la France vient de faire
de puissants efforts : on les doit, je le répete,
à l'habileté du ministere de la Marine, aux
vues du Gouvernement, qui se porte, depuis quelques temps, sur cette partie importante à la guerre actuelle ; mais je ne me laisse
point éblouir par cet éclat momentané. La
prospérité de la Marine, j'ose encore le
dire, n'est que passagere ; & ne sera qu'illusoire, tant qu'on ne changera pas la ma-
jeure partie de son régime, tant qu'on ne
détruira pas les vices de son administration,
tant qu'on ne corrigera pas les préjugés qui

la dominent. La Marine eſt un Corps trop
puiſſant qui nourrit dans ſon ſein , par-tout
ce qui n'eſt pas elle, une averſion & un
orgueil deſtructeur de toute émulation & de
tout encouragement (1).

Une cauſe qui , dans notre Gouvernement , contribue encore à rendre l'adminiſtration de la Marine ſi imparfaite, c'eſt la
mobilité continuelle des Miniſtres. Eh !
comment les lumieres pourroient-elles s'y
perpétuer & s'y étendre ? L'intrigue, trop
ſouvent ; le haſard, quelquefois, placent
& déplacent les Miniſtres. Elevés à ces

---

(1) En attaquant, avec tant de force l'eſprit en-
vieux & jaloux, l'orgueil intolérable de ce grand
corps , je rends juſtice à pluſieurs des individus qui le
compoſent ; il en eſt , ſans doute, parmi ceux qui ont
des connoiſſances ſupérieures , & qui ont donné des
preuves des plus grands talents ; il en eſt même , mais
en très-petit nombre , qui ne ſont pas infectés de ces
honteux préjugés qui aviliſſent & déshonorent un corps
compoſé preſqu'en entier de ce qu'il y a de mieux dans
le Royaume ; mais ces opinions excluſives regnent avec
tant de deſpotiſme , qu'ils n'oſent montrer publique-
ment leur façon de penſer ; ils ſe contentent de gémir
dans le ſilence de ce ridicule travers , qui prend ſa
ſource , non dans la crainte de ſe voir trop facilement
éclipſé , mais de ſe trouver trop confondu. On en voit
quelques-uns rougir, dans le particulier, de cette baſſe
vanité , & avouer de bonne foi que cette tache fait un
tort infini à la Marine. C'eſt ſur-tout à Toulon que l'on
trouve de ces Officiers plus juſtes & plus véritable-
ment cenſés , c'eſt une juſtice qu'on doit en général à
ce Département : on y rencontre plus d'honnêteté & de
politeſſe , plus de cette urbanité qui diſtingue la Nation françaiſe. J'en ai connu dont on diſoit pour éloge ,
il ne montre d'eſprit de ſon corps, que ce qu'il en faut
pour n'être pas déteſté.

poftes, il faut qu'ils s'occupent des moyens
de s'y maintenir, avant de fonger à les remplir ; & il ne refte aux mieux intentionnés,
fatigués par les cabales, rebutés par les
obftacles, ni le temps, ni la force de corriger les abus qu'ils apperçoivent dans l'adminiftration. Chaque Miniftre, chaque fyftême nouveau ; tous, flattés de la confiance
du Ma tre, veulent y répondre, cherchent
le bien ; l'un penfe y arriver par la réforme, il l'annonce ; alors les brigues des cour-
tifans, les clameurs d'un corps trop redouté, fans d ute, viennent arrêter fes projets ; un ordre furpris au Monarque les
anéantit ; ou s'il s'efforce de tenir tête à
l'orage, un revers des événements qui l'ont
maîtrifé vient achever fa difgrace : l'autre
croit y atteindre par une voie plus fûre ; il
entre dans les idées du Corps ; prodigue les
graces ; ne refufe rien de ce qu'on lui demande ; difpenfe, d'une main libérale, les
croix, les dignités, les penfions, les honneurs, & penfe s'attirer par fes bienfaits la
bienveillance & l'appui d'un corps trop
puiffant. Il fe trompe, il n'oblige que des
ingrats qui regardent les récompenfes pré-
maturées qu'il leur accorde, comme des
chofes dues & méritées depuis long-temps.

Mais en accordant au Miniftre parvenu
à s'affermir dans cette place orageufe &
difficile, les lumieres les plus étendues, le
génie le plus tranfcendant, il eft homme ;
& fut-il confommé dans le métier, ce qui

eſt bien rare , il ne peut tout voir par lui-même ; il faut qu'il procede avec ordre dans une machine ſi compliquée , qu'il ſe forme un plan , des principes ; qu'il acquiert des connoiſſances que l'expérience ſeule peut donner , ou qu'il y ſupplée par des conſeils. Alors , ſi on ne l'égare , on le maîtriſe ; il eſt ſubjugé par ceux des lumieres de qui il croit avoir beſoin ; les graces , les diſtinc-tions , qui ſont la vraie récompenſe du cou-rage , en découlant de ſes mains , ne paſſent plus que par celles de ceux qui l'ont aſſervi : alors plus d'eſpoir , plus d'avancements , plus d'honneurs pour ceux qui n'ont pas paſſé par les formes preſcrites au tableau ; ou ſi quel-quefois ſes yeux perçants , ſes bienfaits vont chercher , malgré des inſinuations contrai-res , le mérite obſcur & ſans appui , on crie à l'injuſtice , on murmure , & l'objet de cette diſtinction flatteuſe devient celui de la haine & d'un reſſentiment éternel. De-là ces dé-goûts que perſonne n'a le courage de ſur-monter ; un engourdiſſement du zele le plus vif ; & les humiliations auxquelles doivent s'attendre les *intrus* (1) , ou ceux qui aſpirent

---

(1) On nomme ainſi ceux qui , malgré tous les obſtacles & les dégoûts qu'on leur oppoſe d'un grade intermédiaire , percent dans le grand corps. Quoi-qu'ils ſoient nombreux , la haine qu'on leur a vouée eſt éternelle, & trouve de temps en temps les moyens de ſe faire ſentir. Un d'eux , parvenu à quarante-ſept ans au grade de Capitaine de vaiſſeau , vient de mou-rir du chagrin des perſécutions qu'on lui a fait ſouf-frir. Le Miniſtre avoit confié à ſon expérience une

à l'être ; ces obstacles enfin que rencontrent ceux qu'une noble ambition conduit un peu tard, mais avec des lumieres acquises, par l'expérience, dans la cariere maritime. Comment tant de persécutions ne glaceroient-elles pas le desir le plus opiniâtre ? Quel remede apporter à un découragement si général ? Les lieux d'où il pourroit venir sont le foyer du mal. Cependant une circonstance heureuse, un génie que rien n'étonne, peuvent amener une révolution favorable : c'est à la politique à en profiter ; à l'autorité, à la seconder puissamment.

La politique est, selon mes idées, l'art de gouverner les peuples ; & sous ce vaste point de vue, c'est la science la plus intéressante qui existe : elle doit avoir pour objet de rendre

----

frégate neuve, construite sous ses yeux, & lui avoit accordé une mission particuliere, où son courage auroit sûrement fait parler de lui. La Marine l'a su ; on a retardé son départ sous différens prétextes ; on l'a même leurré d'une mission honorable ; & tandis qu'on l'amusoit de belles paroles, on travailloit sous main à le desservir auprès du Ministre, en citant, comme une preuve de son incapacité, la séparation de deux chérives barques d'un convoi qu'il escortoit ; événement qu'on devoit imputer à la mauvaise manœuvre des Caboteurs, & qu'il ne pouvoit empêcher. Dès qu'on fut sûr que l'inculpation avoit produit son effet, & que la bonne volonté du Ministre étoit refroidie, on lui ôta, sous le prétexte de l'utilité du service, un Equipage instruit qu'il avoit formé, & on le laissa tout l'hiver dans l'inaction, au grand regret de ses Officiers, qui s'étoient volontairement engagés sous ses ordres, parce qu'ils connoissoient son expérience, sa capacité & son caractere.

une Nation heureuſe au-dedans, & de la faire
reſpecter au dehors; de-là elle ſe diviſe naturellement en *politique intérieure* & *politique
extérieure*. La premiere ſert de baſe à la ſeconde. Tout ce qui contribue au bonheur &
à la puiſance d'un Etat, eſt de ſon reſſort :
loix, mœurs, coutumes, préjugés, eſprit
national, juſtice, police, population, agri-
culture, commerce, marine, revenus de la
Nation, dépences du Gouvernement, impôts,
application de leur produit. Tous ces objets
doivent être vus par elle avec génie & réflexions; elle doit s'élever au-deſſus d'eux pour
appercevoir les rapports généraux & l'influence qui les lient les uns aux auxtres, s'en
rapprocher enſuite pour les obſerver, en
ſuivre les détails, ne s'occuper d'aucuns
excluſivement aux autres; parce qu'en politique, ce qui fait fleurir trop ou trop peu
une branche, épuiſe & fait languir le ra-
meau voiſin, ou une autre branche éloignée; il faut, en un mot, qu'elle conduiſe de
front toutes les parties de l'adminiſtration.

Mais tandis que la politique intérieure
prépare ainſi, & perfectionne tous les moyens
du dedans, la politique extérieure examine
ce que le réſultat de ces moyens peut lui
donner de force & de conſidération au dehors & elle détermine ſur cela ſon ſyſtême.

Pour ne parler que de la branche que nous
embraſſons, la conſtitution maritime de la
France, c'eſt à cette politique à meſurer ſa
puiſſance au beſoin que l'Etat peut avoir d'en
impoſer à ſes voiſins, & de donner du poids

fes négociations ; c'eft à elle à calculer fes
orces maritimes fur les intérêts réels, les
.liances, ou liaifons utiles que dicte la pofi-
on topographique, ou les avantages des
ontractants. C'eft à la politique intérieure à
onftituer fes forces, fa forme & fon organifa-
on, relatativement au génie & aux moyens
e le Nation ; de la conftituer fur-tout de
aniere qu'elle ne foit pas au-deffous de ces
oyens, parce qu'alors elle épuife l'Etat &
e lui donne qu'une puiffance factice & rui-
eufe, une confidération paffagere , comme
n a vu fous le fiecle de Louis XIV (1).

____

(1) L'Abbé Raynal étoit fi convaincu de cette vé-
té , qu'il s'eft attiré de Voltaire cette vive fortie :
» Je lis dans l'Hiftoire philofophique & politique
du commerce des Européens dans les deux Indes ,
tom. 4 , pag. 66, qu'on eft fondé à croire que Louis
XIV n'eut de vaiffeaux que pour fixer fur lui l'admiration de l'Europe & pour châtier *Génes* & *Alger*.
C'eft écrire, c'eft juger au hafard ; c'eft contredire
la vérité avec ignorance ; c'eft infulter Louis XIV
fans raifon. Ce Monarque avoit cent vaiffeaux de
ligne & foixante mille matelots dés l'an 1678 , &
le bombardement eft de 1684 ».
J'en conclus qu'il y a jufte un fiecle que nous étions
peu-près auffi puiffants , par mer, que nous le fom-
es aujourd'hui ; mais cela n'empêche pas de penfer ,
ec l'Abbé Raynal , que les efforts étonnants que
us avons déployés dans ces temps-là , ne nous pa-
iffent aujourd'hui n'avoir eu d'autre but que de fe
ontrer un moment ; que la chûte fi prompte que fit la
arine de ce temps-là , confirme ce que je dirai tou-
urs , que n'ayant point une bafe fixe & durable, ils
: pouvoient nous donner qu'une puiffance momenta-
e ; d'où on eft fondé à croire que fi l'on ne change pas
régime de la Marine actuelle, ceux qu'on prodigue à
éfent n'auront pas plus de fuccès ni de permanence,

Mais une fois que ce terme est trouvé ;
une fois que les forces maritimes sont en proportion des moyens, des ressources & des besoins de l'Etat, il faut, en leur donnant une
constitution solide & permanente, l'établir,
d'une maniere fixe, sur le pied le plus respectable. On me demandera peut-être comment parvenir à cette permanence si desirée,
& que les exemples du siecle que je viens de
citer, & de celui-ci rendent si difficile? C'est
en purgeant cette constitution des préjugés
qui l'infectent ; c'est en la faisant plus dé-
pendre, une fois fixée irrévocablement du
caprice ou de l'esprit systématique d'un seul
homme. Je le répete, & j'en suis bien convaincu, jamais la Marine n'aura de prospérité,
durable & réelle, que lorsque par la nature
de sa constitution il y aura un corps permanent, pourvu des lumieres de l'expérience,
dégagé de tout intérêt, chargé d'éclairer
l'Etat sur l'emploi de ses forces maritimes,
d'en calculer les moyens, d'en diriger les
opérations, d'en rectifier le régime, d'en
corriger les défauts, d'en juger les fautes
& d'en consolider la forme. Un corps enfin
qui prendra conseil du passé pour se conduire dans l'avenir, & qui fera, en un mot,
ce que fait le Pilote à la poupe du vaisseau,
observer les nuages, les vents, la boussole,
& les écueils, pour tenir route en conséquence. C'est avec ce corps, qui doit être
placé près du trône, & non pas au département, que les dépositaires de la puissance

exécutrice, Rois, Miniſtres, Généraux, doivent venir ſe raccorder, conſulter les opérations des forces navales, & prendre des délibérations réfléchies.

C'eſt donc un Conſeil de Marine que je propoſe, comme un moyen ſûr & unique de conſolider & de conduire à une proſpérité durable la régie de la Marine, quand ſa conſtitution aura été formée ſur le plan que je vais tracer : mais il faut que ce Conſeil ſoit compoſé ſous les yeux du Prince, à portée du Miniſtre qui y puiſera des lumieresd'hommes inſtruits & conſommés dans le métier de la mer, & parvenus aux plus hauts grades. Les Vices-Amiraux le préſideroient tour à tour ; quatre Lieutenants-Généraux ; un Intendant ; ſix des plus anciens Chefs d'eſcadre retirés du ſervice ; deux Commiſſaires-Généraux rompus au travail des arſenaux & des Claſſes ; un Inſpecteur-Général des Conſtructions ; comme M. Groignard, par exemple, de qui les talents, connus de toute l'Europe, peuvent faire attendre idées les plus lumineuſes ; enfin, ſix des plus anciens & des plus expérimentés Capitaines de vaiſſeaux, pour qui ces plans ſeroient des récompenſes honorables. Il faudroit prendre, de préférence, ceux qui auroient exercés dans les Ports les fonctions de Directeurs des différents Arſenaux.

Tous ces Officiers qu'on choiſiroit, je le répete, exempts de tous préjugés de Corps & de tout intérêt particulier, d'une capacité

& d'une impartialité reconnue, compoferoit un Confeil de Marine où feroient difcutés , examinés, approfondis, réglés les plans d'armements , d'opérations & d'expéditions maritimes. J'y voudrois joindre encore deux Maîtres de Requêtes, qui feroient les fonctions de Confeillers-Rapporteurs, & même y appeller de temps en temps les principaux Députés du Commerce. Je voudrois en outre que ce Confeil fe formât en fix Comités, compofés de trois Membres chacun, qui feroient chargés particuliérement des fix détails fuivants :

1°. Les bois, les conftructions, refontes & radoubs.

2°. Les vaiffeaux, leurs agrêts, aparaux, armements & défarmements.

3°. Les approvifionnements de toute efpece.

4°. L'Artillerie , poudre & uftenfiles du canonage, &c.

5°. Les claffes & la difcipline.

6°. Les fournitures & atteliers qui entrent dans l'équipement des flottes.

Ce Confeil , ainfi établi, feroit de la plus grande utilité ; il maintiendroit l'uniformité du fervice ; remettroit la difcipline en vigueur ; préferveroit à jamais la Marine de cette mobilité de vues , de cette variété d'opinions , de cette inconftance dans la régie ; il feroit ceffer cette multitude d'Ordonnances qui fe fuccedent pour faire & défaire, renverfer & rétablir, blâmer & approuver,

fuivant

fuivant l'efprit du moment, les idées dominantes. Le Miniſtre de la Marine ſeroit ſûr
de trouver, en tout temps, des hommes
inſtruits, intéreſſés à faire le bien, qu'il
pourroit conſulter, avec confiance, ſur
mille choſes de détail que le génie le plus
élevé ne peut connoître que par la pratique
& l'étude particuliere d'un art que les éléments rendent ſujets à mille inconvénients.
En effet, comment un homme doit-il ſe
flatter de connoître & de conduire ſeul tous
les reſſorts d'une ſi vaſte machine? Pluſieurs concourant à cet important ouvrage,
s'attacheroient chacun au détail d'une partie; ils l'approfondiroient; ils perfection-
neroient; & du concours des connoiſſances
répandues ſur chaque branche, ſe formeroit ainſi peu à peu cette maſſe de lumieres
qui éclaireroit toute l'Adminiſtration. Au
milieu de ces hommes, il ſuffit qu'il s'éleve,
& il ne peut manquer de s'élever quelque
génie vaſte; celui-là s'emparera, ſi je puis
m'expliquer ainſi, des connoiſſances de tous,
perfectionnera le ſyſtême de la conſtitution
maritime, & ſe placera au haut de la machine, pour lui imprimer le mouvement.
Pour diriger l'enſemble de l'Adminiſtration,
il n'eſt pas néceſſaire qu'il ait aprofondi le
détail de toutes les parties; il ſuffit qu'il con-
noiſſe ceux des parties principales, le réſultat des autres, la relation que chacune d'elles
doit av oir avec le tout: il ſuffit que lorſqu'il
aura b eſoin de deſcendre vers les détails

D

d'une partie , pour éclairer ceux qui en font chargés en fous-ordres, ou pour les raccorder au fyftême général , il ait ce tact fubit & précieux qui voit & qui juge. Ainfi, dans la vafte carriere des mathématiques ; chacun s'attache à un objet, & pourfuit la vérité par des chemins différents ; les Newton, les Leibnitz, les Dalembert , s'éleve au faîte de la fcience, planent fur elle, fe réfervent l'étude des parties les plus difficiles ; mais, chemin faifant, ils voient les progrès des autres branches , fixent les opinions , répandent leur méthode & leur génie fur la fcience entiere. Une fois la bafe de toute opération établie, les conféquences les plus fimples, les plus claires, s'enfuivent naturellement. Plus de tâtonnement , plus d'erreurs : bientôt s'éleve une théorie lumineufe qui vient diffiper les ténebres de l'ignorance , & les fophifmes dont les préjugés enveloppoient les principes.

Mais tant que les intérêts particuliers prévaudront fur le bien public ; tant que les dépenfes de l'Adminiftration feront plus fortes que fes moyens ; que les impôts augmenteront fans que le Gouvernement faffe des efforts mieux combinés, mieux conduits ; que chaque pas que l'on fera dans la carriere maritime, fera marqué par des revers ou des demi - fuccès, les canaux qui portoient l'abondance fe tariront; le Souverain s'ennuiera de dépenfer infructueufement ; l'attention du Gouvernement changera d'objet ; le Ministre d'un autre Département, profitant de la circonstance, voudra consoler l'Etat des pertes qu'il a faites sur mer, en lui donnant des succès passagers sur terre. Ainsi, *Louvois* voulut la guerre parce que Colbert vouloit la paix, parce que l'intérêt des Ministres de la guerre est d'embrasser celui des finances. Il échauffa l'ambition de son Maître ; il lui dit que la France n'avoit besoin, pour faire plier l'Europe sous ses loix, que de ses armées de terre. La Marine qu'on avoit créée à grands frais, pour qui on avoit prodigué des trésors immenses, qu'on avoit vu déployer des efforts étonnants, fut négligée ; les Ports se fermerent ; toutes les parties de l'Administration furent sacrifiées à la splendeur d'un seul Département ; & les Nations de l'Europe mirent sur le compte du génie national, de notre aveu même ; les revers qu'on essuya sur mer, qui prenoient leur source dans le vice de conformation de la Marine. Ce préjugé étoit d'autant plus absurde que l'histoire le dément : avoit-on oublié, entr'autres que je pourois citer les avantages que l'Amiral Annebaut remporta en 1545, devant Portsmouth, sur des forces supérieures ? Ne se souvenoit-on plus de la victoire de Léon de Strozzy, qui fut si décisive qu'elle fit rendre Boulogne & conclure la paix.

Il suit de ces réflexions que la Marine de France est mal constituée que le Corps qui

la compofe eft trop puiffant, trop redoutable : je le compare à un beau courfier fans
bouche ; qui maîtrife la main qui le guide.
La Marine, je l'ai déjà dit, nourrit un germe
d'orgueil qui flétri tout ce qui l'approche,
qui porte le découragement dans tout ce qui
l'environne, refroidit le zele de quelques
fubordonnés, en offrant à la vanité des autres une trop belle perfpective. Son éduc-
cation eft infuffifante ; fon adminiftration,
mal diftribuée ; fes moyens, confidérables,
mal employés ; fes reffources, immenfes,
trop mal connues ; fa difcipline, trop relâchée. Mais n'y a-t-il point, demande-t-on,
de remede contre un mal fi contagieux, contre un vice fi deftructeur ? Je réponds, le remede eft à côté du mal.

Le Corps de la Marine eft trop puiffant ;
réuni (1) je le fais ; fon orgueil eft intolérable, il n'eft que trop vrai. Hé bien, di-
vifez-le, & vous verrez bientôt que cette

---

(1) Il n'eft perfonne qui n'ait un peu fréquenté la
Marine, qui ne puiffe fe rappeller avoir entendu plus
d'une fois, dans la perfuafion intime où font en général les Officiers de ce Corps, plufieurs d'entr'eux fe van-
ter hautement que tant que la Marine faura fe tenir
unie, elle fera fauter tous fes Miniftres les uns après
les autres ; ils ont pouffé même l'impudence jufqu'à
publier par-tout que la confiftance du dernier Miniftre
dépendit un inftant de la maniere dont on accueilleroit
dans les Ports fon Ordonnance du 27 Septembre 1776 ;
& que fon état fut équivoque en Cour, jufqu'à ce qu'on
eut appris, par les lettres des Commandants, qu'elle
avoit été très-bien reçue dans les Départemens, &
lui avoit formé un nouvel appui.

défunion ne lui laiffera plus d'autre efprit qu'une noble émulation. Son éducation eft infuffifante , ajoutez-vous, fans doute ; corrigez-la, réformez les abus , démontrez ce qu'on peut faire de mieux. Les claffes s'épuifent trop promptement, j'en conviens ; ménagez-les, tirez parti des reffources que la navigation du commerce vous offre dans tous les rangs. Il n'y a que maniere de les employer : avec des diftinctions , des privileges qui ne coûtent rien à l'Etat il opérera des prodiges. La difcipline ; dites-vous, enfin eft relâchée, c'eft un mal trop certain ; mais donnez-lui du reffort, de la vigueur, une certaine énergie , & vous verrez s'enfuivre les plus grands biens.

Tous ces remedes font fimples, d'une facile application. On va voir , par le développement de mon projet ; fi j'ai réuffi à les employer avec fuccès, & fi les moyens que je vais propofer ne détruifent pas le mal jufques dans fa racine. Commençons par le plus confidérable , je veux dire, la trop grande puiffance du Corps de la Marine.

CHAPITRE PREMIER.

Maniere de diviser le Corps de la Marine, avantages qui en résulteroient; nouvelle formation des Etats-Majors, nombre d'Officiers qu'on y comprend, nouvelle dénomination, nouvelle marche de leur avancement; changement dans l'uniforme.

LA maxime favorite de Catherine de Médicis, étoit : *divises si tu veux régner.* Je suis étonné qu'aucun Ministre de la Marine n'ait été tenté de la mettre en pratique. Un seul, M. de Boyne, osa l'entreprendre ; mais il s'y prit mal ; il voulut faire de tous les Officiers de la Marine des Officiers d'Infanterie ; il établit des divisions, des brigades, & il ne parvint qu'à montrer une bigarrure ridicule. Il crut changer l'esprit de ce Corps nombreux, aussi facilement que la couleur de son uniforme, & le rendre aussi désuni que ces couleurs étoient variées : il se trompa ; il avoit entrevu le but, il le manqua par sa faute.

La France, riche dans toutes les parties de son territoire, est malheureusement très-

pauvre en Ports de mer : on n'en compte
que deux qui aient affez de profondeur,
une rade affez vafte & affez fûre pour offrir
des commodités & un abri certain à une
nombreufe armée navale. Cette difette, qui
fe fait plus particuliérement fentir dans la
Manche, eft un des plus grands obftacles
que la Marine ait à furmonter. Les dépenfes que l'art exige pour réparer ce défaut
de la nature font immenfes, & jamais, depuis qu'il en fent la néceffité, le Gouvernement ne s'eft trouvé dans une circonftance
où l'excédent de fon numéraire lui permît
de l'entreprendre. Il viendra peut-être un
jour des temps affez favorables pour qu'il
puiffe s'en occuper férieufement. Une paix
honorable peut les amener ; ce fera alors au
génie créateur àtenter les plusgrands efforts
pour nous procurer, fur les côtes de Normandie ou de Picardie de préférence un Port affez
grand, affez fermé, pour contenir & mettre en fûreté une flotte de quarante à cinquante vaiffeaux de ligne (1) : il ne feroit

---

(1) On affure que Cherbourg offre tous ces avantages ; une rade fi fûre & fi fréquentée qu'on l'a nom-
mée l'auberge de la manche ; un Port qu'il faut creu-
fer, à la vérité, & dont le fol n'oppofe pas à l'art une
difficulté invincible ; il ne faut que des bras.

Note de l'Editeur. Depuis que ceci eft écrit, on apprend
que le Gouvernement s'en occupe férieufement ; des
Ingénieurs-Architectes ont été envoyés fur les côtes
de Normandie ; un d'eux, M. Lindre-Choquet, a
trouvé à la Hougue un emplacement convenable, &

pas moins utile d'avoir dans le fond du gol
phe un autre afyle pour les vaiffeaux battus
de la tempête ou de l'ennemi : la fituation du
Port du Paffage, par exemple, feroit fort
commode, fi l'Efpagne vouloit, en y joi-
gnant un terrein convenable, en faire l'é-
change avec quelqu'autre partie qui fût à fa
bienféance.

Ce que j'en dis, au refte ; n'eft qu'en paffant: ces réflexions ne font point effentielle-
ment liées à mon fujet ; elles fe font trou-
vées au bout de ma plume, qui n'a pu fe
refufer de les écrire, par une fuite de la con-
viction des vérités importantes qu'elles énon-
cent ; vérités qui font avouées depuis long-
temps par tous les hommes qui ont quelques
connoiffances dans ces parties. Mais en quelque nombre que foient les Ports de la Marine françaife, ce n'eft ni par département,
ni par brigades qu'il faut chercher à la divifer. Les parties d'un fi grand tout, fépa-
rées en de fi grandes portions, confervroient
encore trop de cette prépondérance que je
veux lui ôter.

Je fuppofe, d'abord, que le Gouvernement fût arrivé à cet état de profpérité qui
lui permît de penfer que l'entretien de qua-

---

il y a conçu le projet d'un Port magnifique, capable
de contenir foixante vaiffeaux de ligne, & tous les établiffements d'un fuperbe arfenal ; il coûtera deux cenrs
millions, mais ce fera un chef-d'œuvre de l'induftrie
humaine.

tre-

tre-vingt-dix vaiſſeaux de ligne , & de ſoixante frégates , ne fût pas au-deſſus de ſes
moyens ; & en effet, cette dépenſe , au premier coup-d'œil , ne peut pas lui être oné-
reuſe , ſi l'on fait attention à l'immenſité de
ſes reſſources , quand elles feront ſagement
adminiſtrées. Ce nombre paroît auſſi très-
ſuffiſant. Je l'ai déjà dit, la révolution qui
s'acheve en Amérique doit affoiblir notre
orgueilleuſe rivale : on va voir cette puiſſance éphémere rentrer dans la ſphere que
ſes moyens réels lui aſſigneront , & payer
peut-être bien cher la gloire d'avoir réſiſté
quelque temps aux forces réunies des Cou-
ronnes de France & d'Eſpagne.

Je ſuppoſe donc que la France voulût fixer
la force de ſa Marine au nombre de vaiſſeaux
& de frégates que je viens d'indiquer ; je
propoſe donc , comme le ſeul moyen que je
crois efficace pour rompre la puiſſance d'un
Corps qui ne ſemble ſe réunir que pour lutter contre l'autorité qui le régit ; je propoſe ,
dis-je , de nommer irrévocablement un Etat-
Major fixe & permanent à chaque vaiſſeau
& à chaque frégate.

J'entends déja le murmure du mécontente-
ment, les cris du préjugé , les clameurs de
la cabale s'écrier tous d'une voix unanime :
Quoi ! c'eſt-là votre grand ſecret, c'eſt-là
votre moyen invincible , votre chimere du
mieux poſſible ? Y penſez-vous , me diront-
ils , croyez-vous donc que les Officiers de
la Marine aient des corps de fer ? Pourquoi

E

les enchaîner à leurs vaiſſeaux ? Voulez-
vous, après une campagne de long cours,
leur ôter le temps & les moyens de ſe re-
faire de leurs fatigues ? Non, répondrai-je ;
non, je ne veux pas leur ôter le repos ſi
néceſſaire à leur ſanté, je ne veux que l'a-
bréger. Je conviens, ſans contredit, qu'une
campagne comme celle que le Comte d'Eſ-
taing vient de faire en Amérique eſt fort
dure ; mais pour qui l'eſt-elle ? Eſt-ce pour
l'Officier en ſous-ordre, qui, logé à bord
commodément, ou à terre dans les relâches,
eſt bien nourri, bien vêtu, & n'a à partager ni les inquiétudes du chef, ni les fatigues du matelot. Son quart à la mer, ou ſa
garde dans le Port, une fois finies, n'eſt-il
pas libre de ſe donner tout le repos dont il
a beſoin ? Et ſi vous en exceptez ces moments
où la célérité du travail exige que tout le
monde ſoit en activité, combien n'y a-t-il
pas d'inſtants où le plus grand de tous ſes
maux eſt l'oiſiveté ! L'ennui d'une vie mo-
notone qu'il ne ſait pas employer utilement,
l'éloignement des lieux où la jeuneſſe court
en foule chercher de la diſſipation, le ſou-
venir de quelques privations, contribuent
bien plus que l'air de la mer ou des régions
qu'il parcourt, que les fatigues paſſageres
qu'il eſſuie, à lui rendre le ſéjour des vaiſſeaux plus inſupportable. Pour achever de
détruire tout ce que cette objection a de
ſpécieux, qu'on faſſe la propoſition à l'Officier qui, au retour d'une longue campa-

gne, se plaint le plus haut de ses préten-
dues fatigues, de commander le vaisseau sur
lequel il n'étoit qu'en sous-ordre, pour re-
tourner dans les mêmes pays, sous les mêmes
climats, & vous verrez s'il hésite un seul
instant, sur-tout s'il y croit trouver ces deux
puissants mobiles, ces principes de toutes
nos actions, la gloire & le profit. Je sais
qu'il est des hommes indifférents, des ames
apathiques sur qui ces deux motifs n'ont aucune influence. Ces automates vivants, mon-
tés comme des horloges, vont, viennent,
agissent sans dessein, sans but déterminé ;
mais je parle ici d'un Officier plein d'honneur, né avec une fortune médiocre ou très-
bornée, qui veut, en s'acquittant envers sa
patrie, s'attirer, pour la consolation de sa
vieillesse & l'avantage de sa famille, la considération que l'on accorde à l'homme de
courage qui a servi long-temps son pays.
D'ailleurs, le vaisseau sur lequel cet Etat-
Major vient de faire une pénible campagne, a lui-même besoin de fortes réparations ; le temps plus ou moins long qu'on
met à les lui faire, ne peut-il pas suffire au
délassement que l'on réclame ? Non, sans
doute ; non, on ne refusera pas à quelques-
uns des Officiers, mais non pas à tous à la
fois, sur-tout au retour d'une campagne un
peu longue, la satisfaction d'aller dans sa
famille, respirer l'air natal, jouir, dans un
repos momentané, des soins de l'amitié que
l'absence aura rendus plus chers & plus

doux : c'est elle qui renouvelle toutes nos jouissances. La guerre, enfin, ne dure pas toujours ; c'est un temps de crise où l'Officier zélé oublie pour la gloire ses intéréts ou la mollesse de ses foyers.

Je crois avoir détruit toute la force de cette objection ; comme c'étoit la plus spécieuse, celle qui m'attirera plus de contradicteurs, je m'y suis arrêté davantage. Je reviens à mon objet.

Cette division du grand Corps de la Marine, séparé en cent cinquante Etats-Majors, procurera, j'en suis sûr, les plus grands avantages. Chaque Etat-Major, réduit à un petit nombre, se regardera comme une famille isolée que l'intérêt de ceux qui la composent doit tenir rassemblée, unie, attachée, sans prendre garde à ce qui se passe au dehors, sans s'embarrasser des affaires d'autrui. L'Etat-Major du *Glorieux* n'aura plus rien de commun avec celui du *Tendant*, comme les intérêts du Régiment de *Picardie* sont indifférents à ceux de *Champagne*. Chaque Etat-Major, enfin, composera un petit corps séparé où il sera facile de maintenir le bon ordre, la discipline & la subordination. Le seul mot de ralliement sera la gloire ; le seul sentiment qui leur restera commun, sera le desir de se surpasser les uns les autres. J'ai vu cette noble émulation, dans les troupes de terre, opérer des prodiges de valeur. On doit attendre les mêmes effets sur mer, quand on aura su y faire germer les vertus du patriofme qui en font la bafe. Difons plus, quand à cet amour de la gloire il fe mêleroit un peu dé ce defir d'accroître fes moyens, d'augmenter fa fortune aux dépens des ennemis, il n'en feroit pas plus blâmable. En effet, pourquoi la noblefse fe feroit-elle un fcrupule, aujourd'hui, de profiter des dépouilles des ennemis vaincus, quand fes ancêtres n'ont pas rougi de s'enrichir des rançons qu'ils exigeoient de leurs prifonniers de guerre ? Cet encouragement, je le répete, eft un excellent véhicule dans les mains d'un Gouvernement qui fait l'employer. Le métier de la mer eft pénible, on ne fauroit trop en adoucir les défagréments. Notre jeune Monarque l'a fenti ; il vient, dans fes nouvelles Ordonnances fur les prifes, de porter la générofité aufsi loin qu'elle puifse aller. Il eft certain que la Marine, prefque toute compofée de Cadets fans fortune, voyoit avec envie cet encouragement donné depuis long-temps à celle d'Angleterre ; mais les formes dont on a laifsé fubfifter l'embarras dans cet acte de bienfaifance, de la part du Souverain, en diminuent beaucoup les effets généreux. On a vu par la négligence des Commifsaires, ou Officiers d'Amirauté prépofés à la vente des prifes, ces mêmes prifes accumulées dans nos Ports ; refter plufieurs mois de fuite expofées aux injures de l'air, fans qu'on eût pris la moindre précaution pour les en garantir ; leurs agrêts, voiles, mâtures, tomber en pourriture, & devenir, par cette nonchalance, absolument de nulle valeur. On a vu enfin vendre ces prises, après un laps de temps & des délais inutiles qui les ont détériorées, plus de la moitié au-dessous de ce qu'elles valoient en arrivant ; ou par un abus contraire, plus préjudiciable encore, ces mêmes préposés, pour se débarrasser d'un soin fatiguant qui ne leur rapporte que le petit bénéfice de leurs vacations, se hâtent de vendre ces prises au premier mot offert, & à un prix bien au-dessous de leur juste valeur (1).

---

(1) Je ne puis me refuser le plaisir de citer deux exemples révoltants, à l'appui de ce que j'avance ici : Lors de la prise de la Dominique, *la Tourterelle* frégate commandée par le Chevalier de la Laurencie, depuis Capitaine de vaisseau, s'empara, dans la rade, d'un bâtiment de commerce Anglais, dont un Négociant de cette isle offrit quarante-huit mille livres comptant. Les Officiers de l'Amirauté du Siege de la Martinique, eussent été trop jaloux de leurs droits & trop avides de les exercer, pour permettre une semblable vente : il fallut donc leur mener la prise, qui ne fut vendue (on aura peine à le croire) que dix mille francs. Doit-on s'étonner si de pareils abus font naître le découragement dans les équipage ? Voici un autre fait aussi avéré : *La Prudente*, commandée par le Vicomte d'Ecars, Capitaine de vaisseau, partit de Toulon au commencement des hostilités, prit en dehors du Détroit un vaisseau marchand venant de Livourne, & richement chargé : on le mena à la Martinique, où les Officiers d'Amirauté procéderent à sa vente. Les intérêts de son équipage, que le Vicomte avoit aussi à cœur que les siens, le déterminerent, puisque le service lui en laissoit le temps, d'être présent à la vente ; & il s'avisa, pour déconcerter les manœuvres sourdes

Il y avoit un moyen plus simple & plus dégagé de toute formalité superflue ; c'étoit d'autoriser les Etats-Majors des vaisseaux preneurs, ou ceux d'entre eux qui eussent été chargés de conduire ces prises en lieu de sûreté, de donner procuration à deux Négociants de la Place où ils auroient abordé, à l'effet de prendre soin de ces prises, de les vendre, d'en toucher les fonds, sur lesquels on eût prélevé les frais de magasinage, des armements, & autres, en accordant à ces Négociants la commission en usage : l'un d'eux auroit été chargé de retirer le tiers qui doit, pour les vaisseaux marchands, être versés dans la caisse des Invalides ; & l'autre auroit tenu compte aux Etats-Majors du second tiers, en versant aussi le troisieme dans les caisses des bureaux des Classes, pour être répartis suivant l'esprit de l'Ordonnance, avec l'attention de produire un compte de vente en regle, & de se faire donner une dé-

---

d'une basse avidité, de faire retirer, par un Négociant aposté à son nom, & à celui de son Etat-Major & de son équipage, les objets qui paroissoient adjugés à trop bas prix. Ce fut en conséquence de ces mesures, qu'il retira le bâtiment qui alloit être donné pour quatorze mille francs, & plusieurs ballots de soie d'Italie, qui n'étoient pas poussés au quart de leur valeur. Il conduisit la prise, chargée de ces ballots, à Saint-Eustache, où ils furent très-bien vendus ; ce qui lui fit bénéficier sur la vente une somme considérable. Ces choses sont à la connoissance de tout le monde, & je ne les cite que d'après des témoins oculaires.

charge en bonne forme. Par ce moyen, fort expéditif, les Négociants chargés de faire les ventes, intéreſſés à en tirer le meilleur parti poſſible, auroient apporté plus de ſoins, plus de vigilance dans la conſervation des effets ſujets au dépériſſement, & auroient ſaiſi pour les vendre les circonſtances les plus favorables. Je n'ai pu laiſſer paſſer ces abus ſous ſilence, ni les voir ſans indignation. Je fais des vœux ſinceres pour que le génie bienfaiſant, qui dirige toutes les vues vers la Marine, s'occupe des moyens de les redreſſer. Je reviens à mon projet, dont ces réflexions m'ont un peu écarté (1).

L'utilité de cette diviſion ſuffiſamment démontrée, je paſſe à la formation de ces Etats-Majors, dont mon plan exige la permanence. D'abord, je fixe le nombre des Officiers à vingt-trois pour les vaiſſeaux à trois ponts ; à dix-huit, pour ceux de quatre-vingt & ſoixante-quatorze canons ; & à quinze, pour les vaiſſeaux de ſoixante-quatre. Voici maintenant ſous quelle dénomination je les établis : J'appelle le Capitaine en ſecond, en uſage actuellement (2),

____

(1) *Note de l'Editeur.* Depuis que ceci eſt écrit, les plaintes réitérées contre la mauvaiſe foi & la cupidité des Officiers d'Amirauté, ont élevé un cri général qui a percé juſqu'au Trône ; & on aſſure que les vœux de l'Auteur viennent d'être exaucés, & qu'on leur a ôté la connoiſſance & la vente des priſes.

(2) Cet Officier n'a preſque de fonctions que dans le combat, parce que le Capitaine ordonne tout ce que le Lieutenant en pied fait tout faire. Son état eſt ab-

Lieutenant-Capitaine ; le Lieutenant en pied, chargé du détail, je le transforme en *Major* ; je mets enfuite plus ou moins de Lieutenants, fuivant la force des vaiffeaux. Ici, pour éteindre à jamais le fouvenir de l'injufte mépris dont un orgueil déplacé à flétri les grades intermédiaires, j'en bannis jufqu'au nom, & j'établis fur chaque vaiffeau, fuivant fa force, deux, trois ou quatre Officiers fous la dénomination d'*Adjudants*. Ces places à qui j'attache bien plus de confidération, & un autre rang qu'on ne leur en donne dans l'Infanterie françaife, feront des échelons néceffaires pour monter du grade d'Enfeigne à celui de Lieutenant, en même-temps qu'elles feront des portes ouvertes au mérite reconnu ; c'eft-à-dire, que les fujets bien nés qui fe feront diftingués par quelqu'action d'éclat, une conduite irréprochable, & des lumieres peu communes, pourront s'en voir honorés fans avoir paffé par celui d'Enfeigne : mais ces exemples feront très-rares. J'y mets enfuite autant d'Enfeignes que de Lieutenants. Enfin, pour faire nombre dans l'Etat-Major, j'admets encore trois ou quatre Garde-Marines par vaiffeau.

Les Etats-Majors des frégates n'auront

---

folument paffif. C'eft un vice de l'ordonnance, & on doit, dans tous les cas, lui rendre les mêmes comptes. Il eft à remarquer que les trois quarts des vaiffeaux, armés dansce moment, n'en ont pas.

point de Lieutenants-Capitaines ; elles feront fixées , pour celles qui porteront du
dix-huit , à onze Officiers ; celles portant
du douze , à neuf ; & celles portant du huit ,
à fept. Ces dernieres n'auront point de Major ; le premier des Lieutenants en fera les
fonctions. On comprendra , dans la totalité
des nombres que je viens de citer , les Officiers que j'établis à la fuite des Etats-Majors. Les vaiffeaux à trois ponts en auront
quatre , un Lieutenant , un Adjudant & deux
Enfeignes ; les autres vaiffeaux de ligne trois,
un Lieutenant , un Adjudant & un Enfeigne.
Les frégates de dix-huit en auront auffi trois,
un Lieutenant , un Adjudant & un Enfeigne ;
celle de douze , deux , un Adjudant & un
Enfeigne ; & celles de huit , feulement un
Enfeigne. Je dirai bientôt les fonctions que
je leur attribue. Fixons maintenant les marques diftinctives de ces grades.

Le Capitaine , ayant rang de Colonel ,
portera les deux épaulettes.

Le Lieutenant-Capitaine, une feule épaulette de Lieutenant-Colonel , à qui fon grade
correfpond.

Le Major , les deux épaulettes que por-
tent actuellement les Lieutenants de vaiffeaux.

Le Lieutenant , une épaulette à gauche &
un trefle à droite , d'où pendront quatre
cordons nattés femblables à ceux des aiguil-
lettes , mais beaucoup moins longs , & ter-
minés par des glands.

L'Adjudant, une épaulette d'un côté &
un trefle de l'autre ; tous deux, le Lieutenant & l'Adjudant, auront rang de Capitaine d'Infanterie.

L'Enseigne, n'ayant plus que celui de
Lieutenant, en portera l'épaulette losangée.

Je ne change rien à l'uniforme de Garde-
Marine, je voudrois seulement lui ôter ses
bas rouges ; il aura rang de sous-Lieutenant
sans porter d'épaulette.

Les Officiers des frégates auroient les
mêmes marques distinctives, avec cette
seule différence que l'épaulette de tous les
grades, depuis le Capitaine jusqu'à l'Enseigne, sera marquée, dans le sens de sa longueur, d'une barre argent, semblable à celle
des Colonels & des Capitaines en second
de l'Infanterie.

Les Officier à la suite porteront l'épaulette de leur grade à droite : ils jouiront
des mêmes appointements, honneurs & prérogatives que ceux qui sont en pied, les premieres places vacantes, soit par mort, maladies, ou avancements, leur seront données,
de préférence, suivant leurs grades respectifs. Dès qu'ils auront passé à ces places, ils
seront remplacés. Si un Lieutenant ou Adjudant ou un Enseigne en pied ; obtient,
par des raisons essentielles , un congé
de semestre, ou tombe malade au moment
où son vaisseau est prêt à partir pour une
campagne quelconque, ces Officiers le rem-
placeront. Au retour du vaisseau, s'ils ont

resté à terre, & que leur service n'ait pas été jugé nécessaire ailleurs, ils décharge-ront ceux des arivants, qui se trouveront fatigués ou malades, des soins pénibles & munitieux du désarmement.

Chaque Etat-Major formant désormais un Corps à part, distinct, & séparé du reste de la Marine, les mouvements ne s'étendront plus au dehors, & l'avancement en sera d'autant plus rapide. Lorsque dans un vais-seau quelconque la place de Capitaine vien-dra à vaquer par mort, retraite ou avance-ment, le Lieutenant-Capitaine le rempla-cera sur le champ, sans qu'il soit nécessaire que la Cour leur ait envoyé son agrément; & le Major, par le même droit, montera de suite à sa place; en un mot, successeurs désignés l'un de l'autre.

Pour remplir celle du Major, devenue vacante, on procédera par forme d'élection, c'est-à-dire, que l'Etat-Major s'assemblera (les Lieutenants exceptés,) en observant le plus grand secret sur la disposition des suf-frages; & on élira, par voie de scrutin, celui des Lieutenants qui en aura paru le plus digne & le plus capable. On ne com-prend pas, au nombre des Candidats, le Lieutenant à la suite: ce n'est pas qu'il ne fût aussi instruit, c'est qu'il n'auroit pas assez connu les qualités du vaisseau dont on l'au-roit pu faire Major, & que l'on croit cette expérience très-essentielle pour le bien ma-nœuvrer. Le Capitaine auroit trois voix;

le Lieutenant-Capitaine deux ; & le reste de l'Etat-Major (les Gardes-Marines exceptés, qui ne formeront entr'eux qu'une voix,) chacun la sienne ; ce qui formera, dans un vaisseau du quatrieme rang, en tout douze suffrages. Les autres mouvements, jusqu'aux Gardes-Marines exclusivement, se feront par ancienneté ; c'est-à-dire, que pour remplacer le nouveau Major élu à la pluralité des voix, le Lieutenant à la suite deviendra Lieutenant en pied ; le premier des Adjudants, Lieutenant à la suite ; l'Adjudant à la suite, le dernier des Adjudants en pied ; le premier des Enseignes, Adjudant à la suite ; & l'Enseigne à la suite, Enseigne en pied.

Pour remplacer l'Enseigne à la suite, on choisira parmi les Gardes-Marine, par la voie du scrutin, le plus capable de remplir cette place. La nomination faite, on en donnera avis au Conseil de Marine, & le Comité de la discipline expédiera les Brevets, en confirmant toujours le choix des Etat-Majors. Cette maniere de procéder à l'avancement de chaque individu qui les compose, excitera la plus vive émulation. Pour l'augmenter encore, je voudrois que parmi les Volonaires dont je parlerai bientôt, ceux distingués par la naissance, les talents, la conduite, ou quelqu'autre action éclatante, fussent admis, à l'âge compétent, à concourir, avec MM. les Gardes-Marine, pour les places d'Enseignes á la fuite, devenues vacantes. Enfin, celle du Garde-Marine feroit remplie par un fujet tiré des Afpirants qui auroit fubi l'examen, & qui auroit fait au moins les deux premieres années de fes *Exercices*. On verra dans la fuite quelles font les idées que j'attache à ce mot.

On voit, par ces difpofitions que je fupprime, toutes ces diftinctions inventées par un orgueil injufte & minutieux. La nature, dans la formation des êtres, fuit toujours les mêmes procédés, & & départit à chacun une organifation qui lui eft particuliere. En fortant de fes mains, l'homme n'eft qu'ébauché ; c'eft l'éducation qui l'acheve. Dans les meilleures inftitutions humaines, les vérités morales font plus ou moins entremêlés de préjugés : il en eft d'utiles qu'un bon légiflateur doit mettre à profit ; mais il doit fe trouver inflexible pour ceux qui ne femblent établis que pour nourrir l'orgueil des uns, & humilier l'amour-propre des autres. Le grand art d'une bonne adminiftration eft de favoir placer les hommes dans leur vraie fituation, dans leur meilleur point de vue. L'émulation, entretenue dans tous les grades par les charmes d'une agréable perfpective, procurera à la Marine les meilleurs fujets, & aux vaiffeaux les Etats-Majors les plus capables. L'avancement fera rapide : plus un Officier fupérieur montrera de talents, plus il donnera d'efpoir à ceux qui le fuivent, de percer promptement.

J'indiquerai , aux Chapittres VI & VII un moyen de récompenses & de retraites honorables pour les Officiers de tous les grades qui auront vieilli dans le métier , pour qui ces places feront un nouvel encouragement.

Il me reste à déterminer la marque distinctive qui doit faire reconnoître les Officiers d'un même Etat-Major ; car je fuis loin d'introduire une bigarure de couleurs qui feroit un vrai labyrinthe : j'en prendrai occafion de parler, en paffant, du trop grand luxe de l'uniforme.

L'habit que l'on appelle *le grand uniforme* eft trop beau & trop cher ; la dépenfe qu'il néceffite répugne à plufieurs Officiers de la Marine : il y en a beaucoup qui ont vieilli dans le Corps fans jamais l'avoir fait faire. Cette profufion de galons d'or eft une fuite de cet efprit de magnificence que Louis XIV a portée dans toutes fes inftitutions, imitées par fon petit-fils. Le furtout qu'on a permis a obvié en partie à cette grande dépenfe : cependant, en laiffant fubfifter le fond & les couleurs de cet uniforme trop riche , je voudrois qu'on en diminuât de beaucoup le galon : je le réduis donc , pour ne pas faire trop crier les partifans de ce luxe inutile, à huit ou neuf lignes de largeur feulement pour tous les grades ; les épaulettes en deviennent maintenant les feules marques diftinctives ; j'y ajoute des revers écarlates ; en un mot, je rétablis abfoſument l'habit que l'on nommoit le petit uniforme, à quelque choſe près.

Pour marque diſtinctive de chaque Etat-Major, cet habit, comme le ſurtout, auroit un colet d'une couleur bien tranchante; & comme les nuances des couleurs ne ſauroient fournir une variété aſſez nombreuſe, un liſéré autour de ce collet qui aidât à le faire mieux trancher, ou des loſanges, des étoiles, des fleurs de lys, des hermines, des croiſſants, & mille autres bagatelles rapportées en broderie d'or ou d'argent, peuvent faciliter les moyens de les varier autant qu'il ſera néceſſaire.

Si ces diſtinctions bien établies, cette déſunion opérée, ces nouvelles formes adoptées, cette conſtitution enfin conſolidée, il n'en réſulte pas le bien que j'en eſpere; tout eſt fini, le mal eſt ſans remede, je le prononce ſans détour; tout eſpoir d'avoir jamais une Marine puiſſante eſt anéanti. Ceſſons des efforts momentanés qui nous épuiſent inutilement; ne diſputons plus l'empire d'un élément ſur lequel nous ne pouvons pas dominer; achetons, par de nouveaux ſacrifices, le peu de Colonies que nos rivaux nous ont laiſſés; brûlons nos vaiſſeaux de guerre; détruiſons nos arſenaux; & devenons, puiſqu'il le faut, tributaires; par notre luxe, de l'univers entier.

Mais il s'en faut bien que nous ſoyons réduits à ces dures extrémités: nous avons des milliers de reſſources, ſi on veut les employer.

employer. Si le Gouvernement feconde mon projet d'une volonté ferme & conftante ; s'il ne fe laiffe point trop étourdir par les cris du préjugé, ni décourager par les obftacles que la mauvaife foi & le fot entêtement femeront fous fes pas ; s'il ne craint pas les dangers imaginaires d'une utile innovation, s'il ne fe laiffe pas trop confeiller enfin par la timide économie, je réponds de lui procurer dans peu la Marine la plus floriffante, la mieux compofée, la plus inftruite & la plus redoutable de toute l'Europe.

CHAPITRE II.

Des Vaisseaux de ligne & Frégates, de leur nombre, division, aménagements, distribution ; préjugés nuisibles à la force de leurs échantillons ; moyen d'ajouter à leur solidité, en augmentant la circulation de l'air extérieur dans leur membrure.

JE pars donc de cette supposition que la France est décidée à entretenir, en tout temps, quatre-vingt-dix vaisseaux de ligne & soixante frégates. Nous n'avons que deux Ports assez grands pour contenir des vaisseaux rassemblés en nombre suffisant pour composer une armée qui en impose à nos ennemis. C'est donc dans ces deux Ports que j'en fais ma distribution : j'en place soixante à Brest (1), & trente à Toulon.

______

(1) On trouvera le port de Brest bien étroit pour ce nombre de vaisseaux, sans compter les frégates. Le Gouvernement n'a qu'à vouloir, & bientôt la riviere d'Hyere lui procurera dans la même rade un Port aussi sûr & aussi commode que celui de Brest, sans en avoir les défauts. M. Petit, Lieutenant de vaisseau, Officier plein de mérite, & à qui je suis fort aise de trouver cette occasion de rendre justice, a dressé tous les plans des travaux nécessaires pour former à Landevant un superbe ar-

Quant aux frégates, je les place indiſtinctement dans ces deux Ports, & dans tous
les autres où elles peuvent être reçues,
conſtruites ou réparées.

Nos ennemis ont des vaiſſeaux à trois
ponts; ils nous preſcrivent la néceſſité d'en
avoir auſſi. En pouſſant l'augmentation pro-
greſſive de nos vaiſſeaux juſqu'où elle doit
aller, je dis qu'il nous faut neuf vaiſſeaux
de la premiere force, vingt-quatre de la ſeconde, quarante de la troiſieme, & dix-ſept
de la quatrieme, diſtribués en cette maniere :

A Breſt.	A Toulon.	Totalité.	Conons.
6	3	9	110
15	9	24	80
28	12	40	74
11	6	17	64
60	30	90	

ſenal, & le plus beau Port, comme le plus commode de
Fance. Si on rendoit cette riviere flotable juſqu'à Carhaix,
on pouroit tirer du centre de la Prvince, des bois de conftruction & des chanvres en quantité; ou ſépareroit alors
les vaiſſeaux dans ces deux Ports.

Tous ces vaiſſeaux une fois conſtruits, comme je l'ai déjà dit, progreſſivement, un certain nombre tous les ans, il faudra les entretenir en bon état, & les remplacer ſoigneuſement à meſure qu'ils viendront à vieillir ; ils ſeront tous aménagés & diſtribués intérieurement de la même maniere ; il leur ſera donné le moins de ſaillie de voûte qu'il ſera poſſible. Pour ménager le grand affaiſſement des œuvres mortes de la partie de l'arriere, les vaiſſeaux de ſoixante-quatre & ſoixante-quatorze n'auront leur galerie ſaillante que de la moitié de ſa largeur ; ils ne ſeront point, en général, ſurchargés de ſculpture. Les chambres, dans chaque vaiſſeau de la même force, ſeront toutes de la même grandeur ; ils n'en auront tous que ſix en avant de la chambre de Conſeil, & cinq en avant de la grande chambre, comme je vais l'expliquer.

Sur l'avant du ſecond canon, à compter de l'arriere, ſera fixée la cloiſon de la grande chambre formée de panneaux couverts de toile, & placés à crochets ou à couliſſe ; de légers panneaux d'aſſemblage, ſemblables à ceux des paravents, aſſez forts pour ſoutenir une toile clouée, compoſeront les cloiſons des chambres ; les deux ſitués des deux côtés, le long du bord, s'avanceront juſques ſur l'avant du troiſieme canon qu'elles enclorront, & depuis la muraille du vaiſſeau, ſix pieds en-dedans, meſurés à la perpendiculaire de la ſerre : au milieu du vaiſfeau on en pratiquera deux autres acouplées, ifolées par deux couroirs qui ferviront d'entrée & de fortie à la grande chambre. Les cloifons de celles-ci pourront être de panneaux de planches embouvetées, parce que, dans un cas preffé, elles doivent refter en place ; elles n'auront d'autre jour que celui de la grande chambre, & elles envelopperont le tambour des droffes. Sur l'avant de celle de ftribord, il y aura une office qui renfermera le quatrieme canon ; elle fera d'une toile lacée fur quatre montants ; les deux du milieu recevront une quarrée avec fa porte auffi en toile. En avant de la chambre de babord il y en aura une autre femblable à elle, & qui fera le pendant de l'office. Toutes ces chambres latérales étant fujettes au branle-bas pour le fervice de l'artillerie, doivent fe démonter dans un clin d'œil, & n'être jamais embarraffées de meubles pefants & inutiles. Les feuls que l'on puiffe permettre aux Officiers qui les habitent, feront un hamac à l'anglaife, une petite malle, un petit fecrétaire, & un pliant pour fiege : on peut leur permettre encore d'en tapiffer les panneaux détachés, d'un papier, d'une indienne ou toile peinte.

(1) Les feuls meubles de la grande cham-

---

(1) Une grande économie dans l'adminiftration des atteliers, feroit, à mon avis d'obliger l'Officier, dans les vaiffeaux ou frégates, en lui faifant un traitement exprès proportionné au grade, de fe meubler lui-même ;

bre feront une table à manger, fes bancs,
quelques chaifes, un buffet portatif adoffé
aux deux chambres du milieu. Les deux
premieres, le long du bord, feroient éclai-
rées par une fenêtre percée de chaque côté,
entre le fecond & le troifieme canon, d'un
pied quarré ; l'office, & la chambre vis-à-
vis, par une fenêtre percée entre le troifieme & le quatrieme canon. On ne permet-
tra jamais à aucun Officier de peindre ni la
muraille, ni l'intérieur dès cloifons de fa
chambre, d'une autre couleur que celle de
la grande chambre.

Chaque Officier logé en haut aura pour
meubles un fecrétaire, un coffre ou malle
furmontée d'une petite armoire ; le tout portatif & non d'attache, avec une légere couchette à pied ou un berceau porté fur pivots.

Il y aura encore fous le gaillard d'arriere, fur l'avant & au raz du cabeftan,
une cloifon à panneaux en claire-voie unis
les uns aux autres par des charnieres qui fe
plieront comme un paravent ; autour du cabeftan, & fur les ailes feront pendus les
hamacs des Volontaires, dont je propoferai
ci-après l'établiffement.

C'eft ainfi que je voudrois qu'on aména-
geât tous les vaiffeaux de ligne fur un même

---

on lui formeroit une chambre où il n'y auroit que les
quatre cloifons, & la porte fermant à clef, qu'il meu-
bleroit, comme je l'ai déjà dit, d'une couchette légere ou hamac, d'un petit fecrétaire, & d'un petit coffre
ou petite malle, à fa volonté.

plan, sans permettre à un Capitaine de changer ces dispositions au gré de son caprice, comme on l'a vu trop souvent faire (1). L'uniformité est le moyen le plus économique du service. Enfin, pour pousser l'économie aussi loin qu'elle puisse aller, il seroit encore à desirer que tous les mâts, vergues, agrêts, voiles, ustensiles, &c. fussent fixés sur des proportions données dont il ne seroit pas permis de s'écarter, afin qu'ils pussent servir indifféremment à tous les vaisseaux d'un même rang. Passons maintenant à la division, & aux aménagements des frégates.

J'en voudrois un certain nombre, d'un échantillon assez fort, pour porter du dix-huit, comme *l'Astrée* ; & aussi de plus légeres, qui ne porteroient que du huit, comme *l'Aigrette*, &c. Enfin, le plus grand nombre seroit sur le modele de *la Surveillante*, *la Charmante*, *la Fine*, *l'Emeraude*, *l'Iphigénie*, *la Fripponne* & *l'Hermione*, &c. Voici leur distribution.

----

(1) On est toujours choqué de voir les Capitaines échanger & distribuer les aménagements des vaisseaux, & sur-tout des frégates, suivant leur fantaisie ; les disposer de maniere qu'il n'y a qu'eux & leurs seconds commodément logés, s'emparer de tout l'arriere, s'approprier les deux bouteilles, ne songer, en un mot, qu'à eux, sans se soucier de rien ménager. Une Ordonnance devroit fixer, sur un plan adopté, toutes les dimensions & distributions du logement dans chaque rang de vaisseau & frégates.

Breſt.	Toulon.	Quantité.	Canons.	Calibres.
10	6	16	42	18
20	12	32	32	12
8	4	12	24	8

Les ſeules frégates de la premiere & de la ſeconde force auroient, ſous une petite dunette, deux chambres au couronnement; dans toutes, la cloiſon de la grande chambre feroit à quelques pouces ſur l'avant du premier ſabord de l'arriere; une ſeule porte au milieu, à deux battants, donneroit iſſue dans la grande chambre par un couroir large de ſix pieds, qui feroit formé par deux chambres, une à ſtribord & l'autre à bas bord, qui encerneroient le ſecond canon juſqu'à ſix pouces au-delà; un buffet à demeure, de deux pieds & demi de large, ſur quinze ou vingt pouces de profondeur, feroit adoſſé à l'armoire de la droſſe; deux fauſſes portes en toile formeroient obliquement l'eſpace entre la cloiſon des chambres & le buffet. Toutes ces cloiſons feroient, comme dans les vaiſſeaux de guerre, à panneaux d'aſſemblage, couverts d'une toile clouée; on les logeroit, dans un branlebas, ſur des tringles entre les baux; en deux ſecondes, tout doit ſe démonter. Les

Les frégates auroient aussi une cloison transverfale à claire-voie au devant du cabeftan. Defcendons dans l'entre-pont : j'y propofe une nouvelle difpofition pour la cloifon de la fainte-barbe ; je voudrois qu'elle prît la courbure d'une portion de cercle, dont la barre du gouvernail feroit le rayon, jufqu'à cinq ou fix pieds du bord, on gagneroit, par ce changement, quelques pieds fur les côtes de la fainte-barbe pour pratiquer aux Officiers fix chambres commodes : il feroit à defirer qu'on pût ne leur donner jamais moins de fix pieds de large depuis la perpendiculaire à la ferre, pour écarter leurs lits de l'humidité de la muraille d'une frégate dont les côtés fatiguent : il feroit encore à fouhaiter qu'on pût leur donner plus de jour ; il faudroit que la petite fenêtre qui fe communique à leurs chambres n'eût jamais moins de huit ou dix pouces en quarré dans fa moindre largeur, & qu'elle fût percée fuivant fes dimenfions, évafée, de dehors au-dedans, de deux pouces au plus, de l'épaiffeur du volet feulement ; à un pouce en-dedans de ce volet fermé, on laifferoit une feuillure d'un demi-pouce pour fervir d'appui à un chaffis vitré ; & de ce point, qui feroit fur les dimenfions que nous venons de donner, il iroit, en s'élargiffant, fur trois faces, le bas, & les deux côtés ; vis-à-vis ce jour on perceroit, dans la cloifon de la chambre en-dedans, une lucarne qui donneroit une lueur dans

G

la fauſſe ſainte-barbe, qui ſeroit encore éclairée par un dôme vîtré placé ſur le gaillard d'arriere, en arriere de l'eſcalier qui deſcend ſur le pont, en avant du mât d'artimon, & par une écoutille correſpondante : ce hublot, que je voudrois placer à la hauteur des feuillets des ſabords, & non comme ils ſont actuellement, entre les deux préceintes, porteroit ſon jour dans l'entre-pont par un écoutillon de treize à quatorze pouces, & il ſeroit enveloppé d'un tambour de planches minces de ſapin qu'on démonteroit à volonté pour le ſervice de l'artillerie. Ce hublot, ainſi diſpoſé, pourroit donner du jour à l'Officier dans tous les temps ; un verre de Bohême, ou une retaille de forte glace, oppoſeroit une réſiſtance aſſez forte aux eaux de la pluie. La cloiſon qui ſépare la fauſſe ſainte-barbe de l'entre-pont, ne doint jamais dépaſſer la mêche du cabeſtan, & les chambres auront toutes ſix à ſept pieds de largeur : on conſervera même à celles de l'avant, l'avantage que l'augmentation du bau leur procure. Celle qui ſépare la ſainte-barbe de la fauſſe ſainte-barbe, ſera percée de deux grandes ouvertures qui occuperont, de chaque côté, l'eſpace entre le tambour qui enveloppera le mât d'artimon & les chambres, pour ménager à la fauſſe ſainte-barbe le jour des ſabords & la fraîcheur du vent arriere, &c.

Les frégates de la troiſieme force n'auront point de dunette abſolument, & elles

n'auront que quatre chambres dans la faus-
se sainte-barbe. Les escaliers de communication sur l'arriere, seront tous placés
dans le sens de la longueur. Les frégates
que l'on expédiera pour l'Amérique ou autre climat chaud, auront des jalousies en
dehors de leurs vitrages, ainsi que les vaisseaux ; ces derniers auront tous leurs mantelets de la premiere batterie percés d'un
hublot de cinq à six pouces en quarré, pour
donner de l'air à l'entre-pont quand la mer
est houleuse.

Telle seroit, à mon avis, la meilleure
forme qu'on pourroit donner aux aménagements des frégates. Au surplus, s'il s'en
trouvoit une autre plus convenable à la commodité du service, je demande qu'une fois
qu'elle sera adoptée, elle soit invariable.
Rien n'est plus préjudiciable au bien du service & à la conservation d'un vaisseau, que
cette variété continuelle dans les distributions ; elle est contre le bon ordre, & souvent un abus d'autorité. Une des raisons
qui doivent faire goûter mon plan, c'est que
restant plus long-temps entre les mains d'un
même Chef, on seroit moins sujet à cette
licence insoutenable. J'insiste pour qu'on n'y
porte pas non plus un luxe trop ruineux. Il
seroit ridicule, je le sens, de défendre à un
Capitaine d'embellir un peu sa demeure ;
c'est l'excès que je veux prévenir. On peut
donc lui permettre, dans sa chambre de
Conseil, une tapisserie d'indienne ou de pa-

pier peint & velouté, collé fur toile, quelques baguettes dorées, un couple de petites
glaces & de confoles, quelques tableaux,
gravures ou paftels, des fauteuils bourrés,
mais point de chaifes longues, canappés ou
ottomannes ; ces meubles font plus propres
au boudoir d'une jolie femme, que dans la
chambre d'un vaiffeau de guerre. On permettroit auffi aux Officiers, dans leurs chambres, quelques tableaux ou gravures, pourvu qu'à la vue de l'ennemi ils foient portés,
ainfi que les glaces & fanaux, dans un endroit où les éclats de verre ne puiffent pas
rendre mortelle une bleffure peu dangé-
reufe.

Ces détails feront ennuyeux pour ces oififs
fuperficiels, qui ne lifent que pour fe diffiper ; mais que m'importe leurs fuffrages, ce
n'eft pas pour eux que j'écris. Ils paroîtront
auffi minutieux au plus grand nombre. Il
faut avoir navigué, & avoir été foumis aux
caprices d'un Chef dans tout ce qui eft arbitraire, pour en connoître toute l'importance. On en a vu pétris d'un orgueil fi ridicule, qu'ils regardoient comme des objets
peu dignes de leurs foins & de leurs égards,
les Officiers que le hafard, ou des ordres
fupérieurs, leur avoient fubordonnés. Delà,
cet égoïfme qui diftribue les vaiffeaux, &
fur-tont les frégates, de maniere à procurer aux Capitaines feuls les commodités les
plus recherchées fans fe foucier de refferrer
les équipages, ni de géner les Officiers. Il

eft , en effet , bien inhumain d'entaffer deux cents foixante hommes dans l'entrepont d'une frégate que l'on encombre encore de mille effets qui s'oppofent à la libre circulation de l'air. Il y a quantité d'abus à réformer fur cet article , qui feront peut-être l'objet de mes réflexions dans un autre Chapitre.

Il feroit donc bien effentiel qu'une Ordonnance profcrivît , fous les peines les plus féveres , tout changement à cet égard , dans les formes adoptées ; & fixât une bonne fois des bornes à l'autorité du Chef égoïfte qui empiéte , & à la fermeté du fubordonné qui réclame fes droits.

Je voudrois auffi qu'on fupprimât ces cabanes que l'on eft dans l'ufage de conftruire fur les dunettes des vaiffeaux ; elles élevent le centre de gravité, obligent à placer les barreaux plus près, & de les faire plus forts , augmentent la bricole & font monter trop haut les œuvres mortes du château d'arriere , ce qui ne peut que préjudicier aux qualités d'un vaiffeau. Onze chambres ne font-elles pas fuffifantes pour loger l'Etat-Major d'un vaiffeau de foixante-quatre ? Dans ceux où il eft plus nombreux , les derniers Officiers doivent fe contenter d'un entourage ou toile ; dans tous, les Garde-Marines ne doivent avoir que des cadres à l'anglaife dans l'entre-deux des canons de la fainte-barbe.

J'ai promis , dans le développement de mon projet, de prouver , par des détails , les abus que j'attaque. On voit que je tiens parole, en les faisant remarquer à mesure qu'ils se présentent.

Le doublage en cuivre, en donnant de la célérité à la marche des vaisseaux, qui, suivant les anciens préjugés, sont le plus péfamment construits, semble avoir confirmé ce que M. Bourdé de la Villuet, a osé avancer dans son Manœuvrier, au Chapitre des Liaisons, que les bonnes qualités d'un vaisseau, pour bien marcher, bien gouverner, & bien porter la voile, ne dépendent absolument que de sa forme plus ou moins avantageuse pour bien diviser le fluide, & qu'il est évident que son plus ou moins de masse de pesanteur ou de solidité ne les altere en aucune façon, puisque le déplacement d'eau est toujours le même, & qu'on doit considérer un vaisseau comme un solide plein plongé dans l'eau, qui lui oppose partout une égale résistance. C'est donc de sa configuration & de la perfection de ses lignes d'eau que dépendent singulierement les propriétés que nous venons de déduire. Il est donc raisonnable de penser que le jeu, dans ses liaisons, est une vieille erreur que l'ignorance a trop accréditée ; car il est démontré, par l'expérience, qu'un vaisseau plus léger, & de même forme qu'un autre plus pesant, n'a pas plus de disposition à diviser le fluide qui le porte, & dans lequel il est également plongé, que ce dernier, puisqu'il lui offre la même surface, & qu'il a le même déplacement d'eau à vaincre. Si la forme avantageuse des œuvres vives, & le poli de leur surface contribuent seule avec le vrai tirant d'eau, l'arrimage & la situation des mâts, à donner de la marche aux vaisseaux, pourquoi ne pas s'attacher à les construire le plus solidement possible, en augmentant leur échantillon ? Ce que M. Bourdé a proposé, me paroît bien vu ; je suis entièrement de son avis ; écoutons-le parler.

« Les vaisseaux des dernieres construc-
» tions (1) valoient mieux, à tous égards,
» que ceux du temps passé ; ils sont savem-
» ment construits ; mais si l'on continue, ils
» ruineront l'Etat par leur peu de durée. Ils
» ne peuvent pas résister au combat aussi
» long-temps que nos anciens vaisseaux,
» que la plupart des boulets ne perçoient
» pas. Le Tonnant le montre encore au-
» jourd'hui à toute la Marine, tandis que
» trente vaisseaux prouvent, dans toutes les
» parties du monde, qu'il n'y en a pas un
» qui ne puisse être percé à l'eau d'un boulet
» de douze, désavantage auquel il est aisé
» de remédier, si aulieu de leur donner
» dix-sept ou dix-neuf pouces d'échantillon
» perpendiculaire à la batterie basse, on
» leur en donnoit vingt-quatre ou vingt-
» huit, & si, on les construisoit outre cela

---

(1) Ceci s'écrivoit à la fin de la derniere guerre.

» pleins de bois depuis huit pieds au-deſſous
» de la ligne d'eau, juſqu'à la hauteur du
» ſecond pont, comme l'exigent réellement
» des vaiſſeaux qui doivent porter du vingt-
» quatre & du trente-ſix, & qui ſont deſ-
» tinés à canonner en ligne. Un vaiſſeau
» conſtruit de cette maniere aura certaine-
» ment bien de l'avantage, au canon, ſur
» un vaiſſeau mince qui ſe trouve expoſé à
» être percé, de part & d'autre, à toutes
» les bordées qu'il reçoit, & qui s'entr'ou-
» vre en frémiſſant ſous les ſecouſſes redou-
» blées de ſon artillerie vivement ſervie.
» D'ailleurs, ces vaiſſeaux, forts d'échan-
» tillon, pourroient être mieux liés que les
» autres, patce qu'il ſeroit aiſé de cheviller
» en fer leurs membres & leurs eſtacades
» les uns ſur les autres, en commençant
» les levées par un bout, & allant de ſuite :
» cette charpente, ſe tenant ainſi d'un bout
» à l'autre, ne pourroit gueres travailler
» dans une partie ſans être ſoutenue par le
» reſte ; ſi deux membres tendoient à s'écar-
» ter, ils ne pourroient le faire ſans rom-
» pre ſept à huit chevilles, & ſans forcer
» ſur les membres voiſins. »

Il eſt certain qu'un vaiſſeau conſtruit ſur
ce modele, oppoſeroit une bien plus grande
réſiſtance à la peſanteur de ſon artillerie,
aux coups de celle de l'ennemi, & aux ba-
lancements continuels du roulis & du tan-
gage. « La vie des hommes de mer, ajoute
» plus bas M. Bourdé, qu'on ne ſauroit

» trop ménager, est un objet qui se présente
» encore en faveur de mon idée ; les Ca-
» nonniers qui serviront l'artillerie ne se-
» ront pas tant exposés dans les batteries
» d'un vaisseau fort d'échantillon, que dans
» celles de nos vaisseaux modernes ; peu de
» boulets y perceront ; ils seront donc en
» position de résister plus long-temps à des
» forces supérieures, ou de tenir tête, avec
» plus d'avantage, à des forces égales. »

On ne manquera pas, sans doute, de
nous objecter, à M. Bourdé & à moi, que
les mailles que l'on laisse entre les membres
des vaisseaux sont pour donner à l'air extérieur une libre circulation entre tous les
membres, & prévenir la pourriture ; mais
outre que cette intention n'est pas remplie,
puisque pour entretenir cette circulation il
faudroit ouvrir plus d'un passage à l'air extérieur. M. Boux propose un moyen plus
simple & plus sûr pour parvenir à ce but,
& qui n'empêche pas d'ajouter à la solidité
des vaisseaux ceux que nous venons d'indiquer. On va voir qu'il l'a employé même
avec succès, & que son desir n'étoit pas
seulement la conservation du vaisseau, mais
encore celle de sa cargaison, & de la santé
de son équipage. Je vais rapporter tout au
long le compte qu'il rend lui-même de son
procédé, & des effets qu'il a produits, dans
une lettre adressée au Journal encyclopédique de Juin 1774 ; je prendrai la liberté d'y
joindre mes réflexions & mes remarques en
forme de notes.

LETTRE *sur les moyens d'introduire l'air dans la cale des vaisseaux, adressée aux Auteurs du Journal encyclopédique, par M. Boux, Capitaine des Vaisseaux du Roi.*

» Les marins ont désiré jusqu'à présent
» des moyens simples & faciles d'introduire
» un air continuellement frais & nouveau
» dans l'intérieur de la cale des vaisseaux,
» afin de détruire la mauvaise qualité de
» celui qui y regne constamment dans tous
» ces climats, & particulièrement dans les
» pays chauds ; ce qui opere une fermenta-
» tion continuelle dans tous les comestibles
» qui, par degrés, s'alterent & se gâtent
» jusqu'à la putréfaction : celle-ci donne al-
» ternativement la vie & la mort à des mil-
» liers d'insectes de différentes especes ; ce
» qui fait de la cale du vaisseau un cimi-
» tiere éternel, dont les vapeurs infectes &
» cadavéreuses sont continuellement aspi-
» rées par les hommes qui couchent entre
» les ponts ; & ces malheureux finissent par
» se nourrir de ces vivres altérés ; & quel-
» quefois corrompus, qui font la source inta-
» rissable des malades putrides & pestilen-
» cielles (1). Les affligeantes réflexions

______

(1) M. de Morogues, Capitaine des vaisseaux du Roi,
a fait, dit-on, un Traité sur la maniere de préserver
les matelots de ces maladies ; mais, comme je ne l'ai
pas lu, j'ignore ce qu'il dit de cette cause, & s'il en fait
mention.

» n'ont point échappé aux gens inftruits ;
» on a même tenté de rémédier à ces in-
» convénients, en faifant établir des venti-
» lateurs dans les vaiffeaux, pour pomper
» l'air corrompu des cales, & le remplacer
» par un air frais & nouveau ; mais comme
» les ventilateurs font très-incommodes par
» leur volume, qu'ils exigent un certain
» nombre d'hommes pour les mettre en
» jeu, que leur effet ceffe avec leur mou-
» vement, qu'on ne peut le rendre conti-
» nuel & permanent fans un épuifement de
» forces, on a renoncé à leur ufage, quel-
» qu'avantageux qu'il pût être (1.).

» Frappé de tous ces inconvénients, &
» des malheurs qui en réfultent pour les
» gens de mer, je me fuis long-temps oc-
» cupé à chercher des moyens fimples d'y
» remédier. Après bien des combinaifons
» & du temps perdu, je fuis enfin parvenu
» à faire la réflexion la plus fimple, que
» puifque le vaiffeau divifoit l'air & l'eau
» avec la même vîteffe, (ce qui eft incon-
» teftable,) il ne falloit que pratiquer à

____

(1) On a encore, à l'imitation des Anglais, pratiqué,
dans l'intérieur de la cale des vaiffeaux, des robinets
deftinés à introduire à volonté, & en telle quantité
qu'on voudroit, de l'eau de mer pour fe mêler à celle qui
féjourne dans le fond des vaiffeaux, & devient, en
s'y corrompant, une des fources intariffable de ces vapeurs putrides & infectes ; mais fi, en renouvellant
fouvent cette eau on ne lui donne pas le temps de fe
pourir, on ne remédie pas au danger d'entretenir une
continuelle humidité dans les cales.

» l'avant du vaiſſeau des ouvertures, & y
» placer des tuyaux qui deſcendiſſent dans
» tous les membres juſqu'au fond de la cale;
» que par ce moyen l'air s'y introduiroit
» avec la vîteſſe du vaiſſeau; que ſi on en
» plaçoit ſur les côtés, on pourroit eſpé-
» rer une introduction d'air preſqu'auſſi
» prompte que le vent lorſqu'il ſeroit à la
» perpendiculaire ; que ſi l'on plaçoit de
» pareils tuyaux à la poupe, ils recevroient
» encore la vîteſſe du vent, moins celle du
» vaiſſeau ; que dans tous les temps de
» cappe, de panne, de roulis, de tantage,
» & autres mouvements, ils tourneroient au
» profit de l'introduction de l'air; & qu'enfin
» à l'ancre, & même dans le Port, ils opé-
» reroient encore ce bon effet. Perſuadé de
» tout ce que je viens d'expoſer, ayant
» alors un bâtimet à conſtruire, j'y appli-
» quai les moyens dont je viens de parler,
» & en même-temps je fis pratiquer des
» paſſages faciles à l'air pour s'introduire
» dans l'intérieur de toutes les pieces eſſen-
» tielles du vaiſſeau, dont la deſtruction
» ne vient que de l'humidité & de la cha-
» leur qui cauſe la fermentation, & celle-ci
» la pourriture. L'enſemble de ces moyens
» m'a paru réunir quatre points fort impor-
» tants pour la Marine. 1o. La conſerva-
» tion des gens de mer ; 2°. celle de leurs
» vivres ; 3°. celle du vaiſſeau; 4o. celle
» de la cargaiſon qu'il contient. »

» J'ai donc, en conſéquence, fait prati-

» quer une canelure de huit à neuf lignes
» de diamettre dans chaque piece qui com-
» pose les couples ou membres; de maniere
» que dans toute leur longueur cela fit l'ef-
» fet d'un tuyau (1). J'ai fait dans l'entre-
» deux de chaque couple, dans la face iné-
» térieure du vaisseau, de petites ouver-
» tures de deux lignes de largeur, sur
» deux pouces de hauteur qui ont été ré-
» pétées de trois pieds en trois pieds dans
» toute l'étendue des couples, afin que
» l'air pût aisément s'introduire dans ces
» cannelures dont nous venons de parler
» (2).

---

(1) Ceci n'est point à mon avis, suffisamment expliqué. Dans quel sens de chaque piece ces cannelures ont-elles été creusées ? Sans doute dans le contact intérieur de la varangue & de l'allonge, avec les genoux : dans le centre de l'assemblage du menbre, du moins c'est ce qui me paroît plus vraisemblable. Si l'on prenoit le parti de construire les vaisseaux pleins, comme nous le disons, depuis le carreau jusqu'à huit pieds au-dessous de la ligne de flotaison, il faudroit pratiquer dans chaque face latérale des pieces qui remplissent la maille, une cannelure de quinze lignes de diamètre, & donner aux petites ouvertures que l'on pratique dans l'intérieur de deux pieds en deux pieds, cinq lignes de largeur, sur trois pouces de hauteur.

(2) Ceci n'est pas plus clair, du moins j'imagine que ces ouvertures de deux lignes ne peuvent s'entendre que dans la supposition que je viens d'établir ; & je pense que M. Boux entend par *l'entre-deux de chaque couple*, la réunion de l'allonge & du genou, & que cette ouverture de deux lignes doit être pratiquée dans le milieu de l'épaisseur de ces pieces, alternativement depuis la face concave de l'intérieur du vaisseau, jusqu'à la cannelure qui doit être pratiquée dans le milieu

» La même opération a été faite aux
» bauquieres & ferre-bauquieres, à l'extré-
» mité de tous les baux , à tous les rem-
» pliffages, à l'étrave, aux apôtres, aux
» guirlandes courbes de liaifon, courbes
» de pont, liffes de hourdi, barres d'ar-
» caffe, &c. enfin, à toutes les pieces effen-
» tielles dans la face de leur contact avec
» d'autres pieces, avec l'attention de ne
» point boucher ces conduits par les che-
» villes, goujons & gournables.

» On a placé quatre (1) tuyaux ou ven-
» tillateurs de chaque côté du vaiffeau :
» favoir :

» Le premier, au premier hauban d'ar-
» timon en arriere.

» Le fecond, au bordant de la grande
» écoute.

» Le troifieme , au bordant de la mifaine.

» Et le quatrieme, fous le boffoir (2).

» Leur ouverture a été pratiquée fous le
» carreau, afin de les fermer commodé-
» ment ; ces ouvertures ont la forme d'un
» chapeau de dix pouces de diamettre, fur
» deux pouces de profondeur, qu'on a en-
» caftré dans l'épaiffeur des bordages (3) ,

---

de l'épaiffeurs de ces pieces, de dedans en dehors , afin
d'établir entre elles & la cale, par le vuide ou la fépa-
ration des vaigres , une libre circulation de l'air in-
troduit par les ventoufes , dont on parlera plus bas.

(1) J'en voudrois metre cinq, au lieu de quatre.

(2) Pourquoi n'en pas mettre un couple à la poupe
des deux côtés de l'étembord, pour l'introduction du
vent arriere ?

(3) Dans une fituation verticale, fans doute.

» & foudé à l'orifice d'un tuyau qui a qua-
» tre pouces de diamettre, & feulement
» trois pouces au petit bout, pour accélé-
» rer la vîteffe de l'air. On a pratiqué de
» petits trous, de diftance en diftance, dans
» la longueur (1) de ces tuyaux, afin de

---

(1) Pourquoi ne pas fixer, à-peu-près, la longueur de ces tuyaux ? Mais en les fuppofant defcendus de cinq à fix pieds dans une maille entre deux couples, comment s'imaginer que l'air contenu dans ces tuyaux puiffe s'introduire dans les cannelures qui font prati-quées dans le centre de ces couples, fans lui faire un paffage ? Pour cet effet, je voudrois que la bauquiere de tous les ponts portât, dans le fens où elle s'ap-plique contre les membres, non au milieu de fon épaiffeur, mais les deux tiers en-deffus, une cannelu-re d'un pouce de diametre, vis-à-vis de laquelle on creuferoit, dans l'allonge & dans le genou, égale-ment une ouverture oblongue de trois lignes dans chaque piece, ce qui feroit à l'air circulant un conduit de fix lignes de largeur, fur dix-huit lignes de hau-teur, pour fervir de communication de la cannelure, ou efpece de galerie creufée dans la bauquiere, à celle pratiquée dans l'intérieur du membre. Je voudrois encore que l'on fît fur la tête de chaque allonge de revers immédiatement fous le plat-bord du paffavant, un canal de quinze à feize lignes de diametre, entaillé tellement dans le centre de l'épaiffeur de chaque al-longe, qu'il pafsât directement fur l'ouverture des cannelures creufées dans l'intérieur de chaque membres, à la même hauteur, en arriere & en avant, un trou de tarriere, percé dans le milieu des allonges, ache-veroit de former le canal de circulation de l'air, in-troduit par les ventilateurs dans toutes les cannelures établis dans la longueur des membres : je crois même qu'il feroit avantageux d'arêter ce courant d'air dans le milieu de l'intervalle, entre deux ventoufes, pour l'obliger à fe précipiter au fond de cale. Le tuyau fixé à l'entrée de ces ouvertures, devroit alors fe divifer en plufieurs branches, dont une principale defcen

» fournir de l'air dans toute la hauteur des
» mailles ou intervalles, entre chaque cou-
» ple ; ces tuyaux ont été faits en cuivre, &
» placés avant de border le vaiſſeau.

» Ces procédés n'ont été exécutés que
» ſur cinq bâtiments que j'ai conſtruits,
» ſavoir :

» La corvette *l'Expérience*, faite au
   » Havre-de-Grace, en l'année   1768.
» La flûte *l'Africain*, à Breſt, en   1768.
» Le bâtiment *le Pacifique*, au
   » Havre, en   1769.
» La Frégate *la Conſolante*, à
   » l'Orient, en   1772.
» Et *la Bourgogne*, auſſi à
   » l'Orient, en   1772.

» La corvette a fait deux campagnes,
» l'une à la traite des Negres & l'autre à
» Miquelon ; les vivres & les hommes ſe
» ſont parfaitement conſervés, au rapport
» des deux Capitaines.

» La flûte *l'Africain* a été à l'Iſle-de-
» France, chargée d'un bataillon de trou-
» pes ; les vivres ſe ſont parfaitement con-
» ſervés ; &, ce qu'il y a de fort extraor-
» dinaire, c'eſt que l'eau même s'eſt con-
» ſervée ſans aucun goût ni mauvaiſe odeur.

» M. Pellegrin, (Capitaine de brûlot) qui

---

droit dans la maille, comme le dit M. Boux, &
l'autre monteroit juſqu'au conduit ſupérieur, où il ſe
diviſeroit en forme de T. ces tuyaux, ainſi diſpoſés,
auroient un double avantage, celui de rafraichir la
cale, & d'airer la carcaſſe du vaiſſeau dans toutes
ſes parties.

» la commandoit, obſerve que c'eſt la ſeule
» fois qu'il ait vu que l'eau ne ſe ſoit pas
» corrompue; il n'y a eu abſolument au-
» cune maladie, quoique le nombre des
» hommes fût très-conſidérable, & que la tra-
» verſée ait été de cent dix-huit jours ſans
» aucune relâche. Le même Capitaine dit que
» dans le port de l'Iſle-de-France, après
» que le vaiſſeau a été entiérement déchargé,
» il a obſervé les bons effets des ventila-
» teurs; *on ſentoit, dit-il, une fraicheur*
» *qui auroit été peut-être nuiſible ſi on y eût*
» *reſté long-temps dans l'inaction : au reſte,*
» *la cale m'a paru très-ſeche par-tout, &*
» *ſans aucune mauvaiſe odeur.* Cet Officier
» a encore obſervé que dans ſon cabotage
» de l'Iſle-de-France à Madagaſcar, où il
» alloit charger des bœufs vivants, ceux
» qui étoient placés dans la cale ſe ſont
» auſſi bien portés que ceux qui étoient ſur
» le pont. Ce bâtiment eſt reſté à l'Iſle-de-
» France.

» *Le Pacifique* a fait deux campagnes,
» une à Saint-Domingue & l'autre à la côte
» d'Afrique. Les deux Capitaines rappor-
» tent que les vivres & la cargaiſon n'ont
» ſouffert aucune altération, que les gens
» de l'équipage ont toujours joui de la meil-
» leure ſanté. Le Capitaine qui commandoit
» dans la derniere campagne a fait un pro-
» cès-verbal ſigné de ſes Officiers, dans le-
» quel il dit que non ſeulement les vivres
» & la cargaiſon ſe ſont bien conſervés ,

H

» mais qu'ayant vifité & examiné l'état du
» vaiffeau intérieurement , lorfqu'il étoit
» vuide, il l'avoit ttrouvé dans le plus grand
» état de féchereffe dans toutes fes parties.
» *Le doublage de cuivre* (1) *, dit-il, que j'ai*
» *vifité avec le plus grand foin , m'a paru en*
» *auffi bon état que lorfqu'on l'a mis en pla-*
» *ce , en Juin 1769 ; on n'y a fait aucune*
» *réparation.* Signé, *le Capitaine Poule &*
» *fes Officiers , au Havre le   1772.*

   » Ce bâtiment eft encore à le Traite des
» Negres ; auffi tôt après fon retour on ren-
» dra compte de cette campagne (2).

   » Les deux bâtiments conftruits à l'Orient
» n'ont point encore été à la mer (3.) ; nous
» n'avons voulu rendre compte de ces nou-
» veaux procédés qu'après quelques expé-

---

(1) Je ne vois pas ce que peut avoir de commun le
doublage en cuivre avec l'effet des ventilateurs : à
moins que M. Boux ne veuille faire obferver , en
paffant, qu'un vaiffeau marchand, doublé en cuivre
en 1769, n'avoit , au bout de troix ans , aucun befoin
de réparation , tandis qu'aujourd'hui ce doublage fe
trouve ufé après dix mois ou un an de campagne;
témoins ceux de *la Fine* , de *la Friponne* , & de plufieurs autres bâtiments ; c'eft que par économie on a
trop aminci l'épaiffeur des feuilles de cuivre , & qu'en-
fuitte on à fait cet ouvrage avec trop de precipita-
tion.

(2) M. Boux a-t-il tenu parole ? Par quelle voie ? C'eft
ce qu'on ignora en 1780.

(3) *La Confolante* eft dans l'Inde depuis 1778 : mais
aura-t-on bien voulu , dans une mutation continuelle
de Capitaine , s'appliquer à examiner les effets falutaires de la méthode propofée.

» riences dans de longues campagnes &
» dans des pays chauds.

» On conseille encore de placer sur le de-
» vant de chaque mâts majeur, (1) un de ces
» ventilateurs pour augmenter la masse de
» l'air dans la cale, de faire leur diamettre
» le plus grand possible (2), de placer
» leurs ouvertures à cinq ou six pieds au-
» dessus des gaillards, afin de pouvoir les
» fermer commodément *& bien hermétique-*
» *ment* ; si la fraicheur étoit trop grande ,
» ce qui pourra avoir lieu lorsqu'il y aura
» peu d'hommes, on couvrira ces tuyaux
» d'une jumelle pour empêcher qu'il ne
» soient brisés ou applatis.

» On croit que, si ces procédés sont
» exactement suivis, on parviendra, comme
» on l'a déja dit, à conserver les hommes
» de mer, leurs vivres, les vaisseaux & la
» cargaison qu'ils contiennent. L'air frais
» & circulant empêchera les incendies, assez
» fréquents dans les bâtiments du com-
» merce, sur-tout ceux qui sont chargés de

---

(1) J'en voudrois encore établir un couple de chaque
côté du beaupré, par-dessous ses licures, & un peu
en-dessous du mât, qui serviroient à introduire l'air
le long du beaupré ; il faudroit que le tuyau fût double pour le conduire d'une part dans la cale, & de
l'autre, par un conduit de communication percé dans
le millieu de l'épaisseur des apôtres & des allonges
d'écubiers, dans les goujures creusées dans la réunion
& l'entre-deux de ces pieces

(2) On pourroit y metre le bout d'une petite man-
he faite en entonoir.

» laine , de fafranum & de charbon de
» terre ; on préfervera de même les bleds
» & autres grains, des avaries auxquelles
» ils font fujets, pour peu qu'ils reftent
» long - temps dans les bâtiments qui en
» font le tranfport. »

M. Boux termine ici cette lettre que fon
patriotifme lui a dictée , pour rendre communs , à tous les ports , les effets falutaires
d'une pratique ingénieufe. On peut dire
qu'il a faifi la feule maniere de conferver ,
autant qu'il eft en nous, ce que nous avons
de plus cher , la fanté, ce bien fi précieux
pour l'homme de peine & de fatigue. Malheureufement les gens les plus intéreffés à
la pratique conftante d'un ufage qui vient
d'être démontré fi avantageux , ne préfident
pas à la conftruction des vaiffeaux , & la
cupidité & l'égoïfme , qui s'ifolent toujours , ferment les yeux fur les biens qui en
doivent réfulter , pour ne les ouvrir que
fur l'augmentation de dépenfe que les vaiffeaux coûteroint à conftruire. Ces canelu-
rent emploieroient un peu plus de temps
dans la façon à la vérité ; mais cette lenteur un peu difpendieufe, eft rachetée par des
avantages fi précieux & qui retournent même
au profit de l'écotomie, que je fuis étonné
que le Gouvernement ne foit pas venu au
fecours du matelot, qui gémit fous le joug
d'une barbare avarice. L'homme inftruit ,
charmé des effets falutaires, dont plufieurs
exemples ont prouvé la réalité, fera bien

plus étonné encore d'apprendre que dans
les ports du Roi, on n'ait pas adopté une
invention utile, propofée par un Capitaine
de vaiffeau, qui joignoit les connoiffances
du Conftructeur à l'art du Nautonnier ; &
fon étonnement croîtra bien davantage ,
quand on lui fera entendre que c'eft appa-
remment *l'efprit du corps* qui s'y oppofe.
Ce mot, ce terrible mot, qui a étouffé plus
d'une fois tout fentiment de patriotifme ,
cet efprit plus à craindre fouvent que les
efforts de l'ennemi , s'eft trouvé d'autant
plus libre d'agir, que le bien que l'ufage
propofé indique, n'eft pas à la portée de tous
les hommes, que beaucoup ne le voient que
dans un rappott fort éloigné, & accompagné
de tous les inconveniens réels ou imaginaires de dépenfe, de lenteur dans l'exécution,
de diminution de folidité, ou d'inutilité dans
fes effets , & tant d'autres dont s'arme une
ignorante pratique contre toute efpece d'innovation. Difons-le hardiment, à la honte
d'un corps inftruit, les bons effets de cette
heureufe découverte, n'ont pas prévalu
contre des raifons fpécieufes, & peut-être
dictées par la mauvaife foi, parce que fon
auteur, M. Boux, eft un intrus (1) dans
la Marine. L'injuftice d'un corps eft telle

____

(1) M. Boux entra dans la Marine par la porte qui
ne s'ouvre qu'au mérite, & que l'crgueil à plus d'une
fois effayé de fermer fans retour , je veux dire, qu'il
fut employé dans le Port. Ses talents lui frayoient la
route au grade de Capitaine de vaiffeau ; & l'cmploi
que le Miniftre en a fu faire, le vengea des mépris

qu'on a vu des innovations bien moins essentielles, reçues avec chaleur, parce qu'elles
étoient proposées par des Officiers qui n'a-
voient pas cette tache originelle. Plaignons
le sort des gens de mer subordonnés à des
Chefs qui se conduisent par de pareils principes ! Que l'indigation, dont il est impossible de se défendre, ouvre les yeux du
Gouvernement. Instruisons-nous du moins
par l'exemple des autres Nations, qui prati-
quent depuis long-temps des usages que nous
rejettons par des motifs si rtdicules. Un Officier étranger, très-instruit, à qui on avoit
fait lire la lettre de M. Boux, observa
qu'on suivoit chez lui, à-peu-près les mêmes
procédés dans la construction des bâtiments
destinés pour les climats chauds, & sur-tout
pour la côte de Guinée. Cet exemple est
concluant ; mais l'orgueil, la vanité, le sot
entêtement, une vieille routine, se sont
ligués contre une utile innovation. On voit
des entreprises considérables manquées, des

---

qu'on prodigue à tous ceux que la fortune, qui n'est
pas toujours aveugle, fait sortir de l'obscurité : un génie actif, des connoissances étendues & beaucoup de
zele, furent les seuls titres de M. Boux. Cette recommandation vaut bien les plus vieux parchemins : cependant la médiocrité, jalouse de ses succès, les dé-
prisa ; il eut à lutter, à la fois, contre la prévention,
les prejugés, l'orgueil & l'ambition ; il essuya des tra-
casseries, des dégoûts & des humiliations dont il fut
au moment de se bien venger, s'il est vrai que ce soit
lui qui ait donné à M. de Boyne le conseil de diviser
la Marine. Il ne faut pas chercher d'autres raisons du
ressentiment qui s'exhale encore tous les jours, & de
là haine implacable qu'on lui a vouée, & qui lui ont
fait demander sa retrait.

milliers d'hommes périſſent pour avoir négligé ce petit moyen de les conſerver. . . . . .
Je me trompe, il n'y a pas de petits moyens, quand il eſt queſtion de la conſervation de l'eſpece humaine. Quoi qu'il en ſoit, ceux-ci n'ont pas été jugés dignes de l'attention ni des raiſonnements ſublimes des Chefs de nos départements ; le malheureux qu'on opprime, ne peut-il pas s'écrier, *homo ſum & nihil à me alienum, puto !*

Un uſage bien bon encore à adopter, pour multiplier les moyens d'introduire l'air frais dans les entre-ponts, en outre des hublots, que l'on perce dans les mantelets des ſabors, & de ceux que nous venons d'indiquer, c'eſt de faire, comme M. de Brique-ville l'a établi à bord du *Nortomberland*, des écoutilles à charnieres ſur le milieu du pont, depuis le grand panneau juſqu'à cinq ou ſix pieds des cuiſines. Le bordage du milieu, qu'on peut laiſſer plus épais, & faire en chêne, comme une piece d'hiloires, ſupporteroit des pentures placées au milieu, qui laiſſeroient la liberté d'ouvrir, autant que la chaloupe le permettroit, les panneaux des écoutils pratiquées dans la longueur que nous venons de déterminer, & percées entre les baux. Au moyen d'une forte ſole, auſſi de chêne, de quatre à cinq pouces d'élevation, clouée & calfatée ſur les hiloires, l'eau répandue ſur le pont n'y pourroit pas pénétrer. Un prélat, en pluſieurs doubles, arrêteroit celle de la pluie.

CHAPITRE III.

*Du nom & du rang de chaque Vais-
seau ; du nombre d'Officiers dans
chaque Etat-Major, de leur totalité, comparée avec ce que le Roi
en entretient actuellement ; de l'E-
tat incertain des Auxiliaires, des
appointements & des semestres.*

Il entre encore nécessairement dans la
disposition de mon plan, de fixer, par une
loi inviolable, le nom de chaque vaisseau
de guerre, & de chaque frégate qui doivent
former les forces maritimes de France, parce que ces noms vont devenir désormais
communs aux vaisseaux & frégates, comme
aux Etats-Majors.

Les noms pour lesquels je voudrois qu'on
préférât toujours des adjectifs imposants,
comme *le Formidable*, *le Terrible*, *le Fou-
droyant* ; ces noms, dis-je, en vieillissant,
éterniseront la gloire qu'ils se feront acquise.
L'Emulation que fera naître ce desir de
gloire, est en faveur de mon projet, & un
des puissants motifs qui doivent le faire
adopter.

Identifié, pour ainsi dire, avec le nom

de

de son vaisseau, chaque Etat-Major desi‑
rera qu'il soit connu, qu'il soit célebre : cha‑
quefois qu'il entendra dire, *tel vaisseau a
toujours bien fait* ; il se glorifiera d'en être,
il sera fier de la gloire que ce vaisseau s'est
acquise, où il desirera intérieurement qu'on
en puisse dire autant du sien. La réputation
de tel ou tel vaisseau étant une fois établie,
par une résistance opiniâtre, en quelque
manœuvre hardie, l'honneur qui en rejail‑
lira sur son Etat-Major, sera durable. Qu'on
ne me dise pas que ces réputations, la
gloire, l'esprit d'émulation qui en résulte,
sont des phantômes de mon imagination. Je
défie le plus obstiné de mes critiques de me
nier la réalité de celle que s'acquit *le Ton‑
nant*, au fameux combat de M. de *l'Eten‑
duere*. Si l'établissement que je propose au‑
jourd'hui avoir eu lieu dès-lors, l'Etat-Ma‑
jor de ce vaisseau, renouvellé, peut – être
dix fois depuis, se croiroit-il moins honoré
d'être chargé de soutenir une réputation si
bien acquise. Ainsi, les anciens régiments,
nommés *les Vieilles-Bandes*, conservent une
réputation méritée, à juste titre, par tant
d'actions de valeur, & dont le soldat, qui
en fait nombre aujourd'hui, s'enorgueillit,
comme s'il y avoit eu part, c'est qu'il sent
qu'en entrant dans ce corps, il a contracté
l'obligation de soutenir, dans l'occasion,
par son courage, l'opinion avantageuse que
l'on s'est formée de son Régiment.

Pour achever d'établir une marche sim‑

I

ple , uniforme , immuable dans le fervice de mer , je voudrois que l'on fixât , une fois pour toute , le rang de chaque vaiffeau en- tr'eux , de maniere que l'ancienneté donnât feule l'honneur du commandement : que d'inimitié , que de haine cette loi d'ancien- neté éviteroit ! Il fuffiroit , dans une ren- contre , de connoître le nom du vaiffeau à qui l'on parle , pour favoir fi l'on a l'ancien- neté , ou fi l'on doit la céder.

Les vaiffeaux feroient féparés en quatre claffes , déterminées par leur force , comme il fuit :

Ceux à trois ponts , de la premiere.

Ceux de quatre-vingt canons , de la fe- conde.

Ceux de foixante-quatorze , de la troi- fieme.

Ceux de foixante-quatre , de la quatrieme.

Le rang que *le Victorieux* ou *l'Inflexible , le Triomphant* ou *le Sévere* , auroit tenu dane la claffe que fa force lui a affignée , ne feroit jamais changé. En cas de pertes ou de naufrages , ces événements ne fe- roient perdre que le vaiffeau , fon nom vi- vroit auffi-tôt par celui qui le remplace- roit , à moins qu'il n'y eût de la faute de l'Etat-Major ; alors la moindre punition feroit de mettre le dernier de fa claffe le vaiffeau qu'une manœuvre inconfidérée & peu réfléchie , ou une réfiftance trop foible à des forces égales ou fupérieures , auroit fait perdre à la Marine.

La propriété d'un vaisseau, assurée à un Etat-Major, est la source des plus précieux avantages ; elle excitera, de sa part, des soins plus étudiés, plus étendus, plus suivis, des précautions intéressées, pour embellir, conserver, entretenir & perfectionner le vaisseau qui lui aura été confié ; cette propriété, dis-je, aura bien une autre force que toutes les recommandations de l'ordonnance, pour l'engager à veiller à la conservation de son vaisseau ; chaque Capitaine, chaque Officier le regardera comme son bien, sa maison, sa demeure habituelle. Il s'appliquera, dans chaque campagne, à connoître ses qualités ou ses défauts ; il étudiera dans sa marche, par le changement de sa voilure, le déplacement des poids, ou la disposition des différentes parties de son arrimage, ou en donnant du jeu à sa mâture, le point de sa plus grande célérité (1) ; il portera l'at-

____

(1) Cette étude est plus intéressante qu'on ne croit ; je n'en citerai qu'un trait entre mille, que je tiens d'un témoin peu suspect, à la seconde sortie de M. d'Orvilliers, en 1778. *Le Réfléchi*, commandé par le brave M. de Cilard, ne se trouvant pas assez tôt prêt pour sortir avec toute l'escadre, partit seul pour l'aller rejoindre au rendez-vous indiqué. Il tomba dans l'Escadre anglaise, qui lui appuya une rude chasse. Keppel détacha après lui ses meilleurs voiliers ; deja ils le joignoient, & il n'y avoit plus aucune espérance de salut, lorsqu'un Lieutenant qui avoit toujours navigué sur ce vaisseau, dit qu'il avoit vû *le Réfléchi* augmenter de vitesse lorsqu'on faisoit telle où telle disposition qu'il indiqua ; & en effet, la remarque étoit juste, on vit les vaisseaux chasseurs s'écarter à vue d'œil ; &

tention la plus fcrpuleufe à la propreté de fon vaiffeau ; & dans le Port, il s'affurera, par des vifites quotidiennes par lui, ou par les Officiers, fi les gardiens font exacts à le garantir, autant qu'il eft en eux, de tout ce qui pourroit l'endommager. Enfin, il fentira qu'il eft de fon intérêt de le tenir toujours dans le meilleur état poffible. Le réfultat de cette vigilance affidue, fera de prolonger le terme ordinaire de la durée des vaiffeaux bien au-delà de ce qu'il eft aujourd'hui, & ce fera toujours opérer un grand bien. Mais en les affoibliffant, doit-on fe flatter de détruire toutes les caufes qui concourent à leur ruine ? Non, fans doute, on ne les rendra pas moins périffables. Ces chefs-d'œuvres de l'induftrie humaine, ne font que trop foumis à la loi générale, qui entraîne tous les monuments des arts vers leurs conftructions. La lime du temps, à qui les matieres les plus dures n'oppofent qu'une vaine réfiftance, a bien plus de prife encore fur les vaiffeaux les plus folidement conftruits. Tous les éléments les attaquent à la fois ; l'eau même, où ils fonr plongés, nourrit des infectes qui les rongent ; la trop grande ardeur du foleil déffeche & entr'ouvre leurs *œuvres-*

---

cette manœuvre, fondée fur l'expérience d'un feul Officier, fauva à la France un beau vaiffeau de foixante-quatorze.

mortes ; la pluie, plus funeſte encore, y filtre une humidité putréfactrice; leur maſſe, par ſa longueur, *s'arque*, & tend à ſe déſunir. Tels ſont les ennemis conſtants que le génie conſervateur a tous les jours à combattre. Le ſeul moyen de préſerver les vaiſſeaux de leurs atteintes, ſeroit, peut-être, de les mettre, au retour de leurs campagnes, dans des formes couvertes comme celles que l'on voit à Recouvrance (1). C'eſt ici que l'économie va ſe récrier. Cette dépenſe eſt conſidérable, je l'avoue. Mais combien d'autres frais n'épargneroit-elle pas dans la ſuite ? Un autre objet de dépenſe encore plus néceſſaire dans l'état actuel des choſes, c'eſt de doubler généralement tous les vaiſſeaux & frégates en cuivre (2). Ce doublage eſt le ſeul qu'on ait trouvé juſqu'ici, pour arrêter les effets des vers rongeurs qui s'attachent à leurs carenes; il eſt plus diſpendieux, mais il dure beaucoup plus : il réunit, en outre, deux grands avantages, il donne une marche plus prompte, en tenant leurs *œuvres-vives* toujours nettes, aucuns teſtacées, dit-on, ne s'y attachent ; il plombe auſſi la carene dans touts ſes parties, & conſerve bien mieux ſes lignes d'eau.

---

(1) C'eſt le cri général de la Marine, que ce n'eſt point aſſez de quatre formes dans le port de Breſt; le terrein plat que l'ont voit à Recouvrance offre la poſſibilité d'en faire encore pluſieurs.

(1) Ceci s'écrivoit au commencement de 1780.

Pour qu'il procurât, pour long-temps, tous ces avantages, il faudroit le montrer plus jaloux de l'appliquer avec précision & folidité, que de faire montre d'une vaine célérité, qui ne fait du bruit que dans les Gazettes ; & facrifier ainfi au defir de faire preuve d'une brillante activité, l'efpoir d'une belle campagne, & les efforts que le Gouvernement prodigue. J'ai eu plus d'une occafion de remarquer, en général, que ces travaux fe font avec trop de précipitation : on cite avec complaifance, & une furprife mêlée d'admiration, qu'on a doublé dans cinquante-fix heures, un vaiffeau du premier ou fecond rang, & on ne fait pas réflexion qu'une opération fi preffée ne peut être conduite avec toute l'attention dont elle eft fufceptible. Il eft fur-tout un ufage que je défapprouve hautement ; c'eft qu'au lieu d'employer, à la fois, cinq cents calfats (je fuppofe) à clouer le doublage d'un vaiffeau, je voudrois qu'on en occupât, à la fois, que la moitié, & voici ma raifon : Quand la feuille de cuivre fe détache, prefque toujours (l'expérience le prouve) ce font les clous qui manquent, pourquoi cela ? C'eft que la plupart font frappés d'une main mal affurée, & beaucoup font pliés fur la feuille au lieu d'être enfoncés dans le bordage. Le bras d'un homme qui frappe trois ou quatre heures de fuite fe fatigue, & le coup n'eft plus fûr, il porte à faux ; le clou fe plie, on veut le redreffer, c'eft

pour le courber dans un autre fens, &
l'empreffement qu'on y met ne permet pas
de l'arracher pour en fubftituer un autre :
j'en ai même vu beaucoup qui n'étoient pas
frappés à joindre ce qui hériffe le doublage
de quantité de points faillants qui le rendent en effet très-raboteux. Je voudrois
donc que la moitié des Calfats qui travail-
lent, fût relevée toutes les heures par ceux
qui fe repofent, & réciproquement, que
l'on prit le temps de conduire toutes les
têtes de cloux bien à joindre fur la feuille,
que leurs pointes fuffent brafées ou durcies
à la forge, & qu'un poinçon aigus d'acier
bien trempé leur ouvrit un peu plus le chemin.

L'Ingénieur conftructeur en chef au port
de Breft, M. Guignace, à qui nous devons
déjà la courbe de trois pieces, vient de
trouver le fecret de vernir le cuivre pour
doublage : fi l'expérience nous apprend que
ce moyen le préferve de l'action lente &
corrofive de l'eau falée, il aura rendu un
fervice effentiel à l'Etat & à la Marine.
Le premier vaiffeau à qui on appliquera un
doublage ainfi préparé, doit avoir fur tous
les autres l'avantage d'une grande vîteffe.

J'ai remarqué que c'eft précifément à la
proue des vaiffeaux que le choc continuel
de l'eau attaque avec plus d'effet le doublage en cuivre. Dès qu'elle eft parvenue à
fe faire jour entre la feuille & le bordage,
celle-ci eft bientôt détachée, & la célérité

de la marche ajoute encore à l'action de l'eau ; le frottement du cable, celui de l'ancre, acheve t ce qu'elle a commencé, & la partie de l'avant eſt toujours la premiere où le doublage laiſſe la carene à découvert. Je ne vois d'autres moyens de remédier à cet inconvénient, que de placer à cette parties des feuilles beaucoup plus épaiſſes qu'ailleurs, & de les couler d'une telle longueur, qu'elles puiſſent être appliquées par leur milieu ſur l'étrave, & s'étendre enſuite, de chaque côté, de ſix ou huit pieds ſur le franc bord. Dans cette diſpoſition, l'impulſion directe de l'eau ſur la proue ne pourroit plus les en ſéparer, & elle ſerviroit même à garantir les autres.

J'ai dit que le doublage en cuivre étoit le ſeul qu'on ait pu oppoſer avec ſuccès aux vers & aux inſectes écailleux qui s'attachent à la carene des vaiſſeaux, parce qu'il n'eſt jamais venu à ma connoiſſance qu'on eût fait l'eſſai, dans nos Ports, de la compoſition *outhelmique* que le ſieur Kornebek, Médecin de Vienne, a inventée pour préſerver les vaiſſeaux, les pilotis, & en général tous les bois qu'on emploie dans l'eau, des attaques des vers rongeurs qu'on nomme vers à *tuyaux*. C'eſt, dit le Journal encyclopédique de Février 1771, une eſpece de vernis dont le cinabre eſt la partie la plus conſidérable; il eſt ſouverain contre tous les inſectes vermineux ; jamais il ne s'écaille, quand bien même il ſeroit expoſé à l'air

ou au soleil le plus ardant; le bois le plus
tendre acquiert, par son moyen, la plus grande dureté: on l'a éprouvé sur des tonneaux
dans lesquels le vin s'est parfaitement con-
servé. Chaque couche de ce vernis coûte 16
sols la toise quarrée: ce n'est pas assurément
la cherté qui a dû en empêcher l'épreuve.
En supposant donc qu'il ait toutes les qualités que son Inventeur annonce, pourquoi
ne pas les appliquer au profit de la Marine?
Il me semble qu'on pourroit en enduire le
doublage de cuivre lui-même, & les œuvres-
mortes des vaisseaux, extérieurement depuis
la flotaisons jusq'aux lisses de plat-bord, &
intérieurement toutes les murailles, les soutes
à pain & à poudre, les affûts de canons, les
cages, les coffre d'armes, &c. Il seroit toujours un excellent préservatif contre les eaux
de pluie & les insectes vermineux; il pourroit même, peut-être, arrêter les ravages
des rats, animaux (1) destructeurs qui cau-
sent tant de dommages dans les vaisseaux. Si
le vernis est asseztransparent pour être appliqué sur la peinture, il serviroit à conserver

---

(1) Il est certain qu'il seroit très-nécessaire de doubler l'intérieur des soutes à poudre avec du cuivre,
si ce vernis ne suffisoit pas pour mettre à l'abri les gargousses d'être mangées des rats; ils exposent les vaisseaux qui en ont beaucoup, s'ils ne visitent pas
souvent leur *apprêté*, à être pris ou dépourvu. On sait
combien ces visites sont dangereuses, & quels accidens
peuvent causer dans un combat les gargousses crevées
qui sement la poudre.

& à donner du luftre à celle dont on peint les côtés des vaiffeaux, à conferver la propreté, & à accélérer la viteffe des canots & chaloupes; en un mot, il feroit d'un ufage très-étendu dans la Marine. On le trouve chez M. le *Baron de Fries*, Banquier de la Cour de Vienne.

Il eft étonnant que depuis que les Marchands & les Miffionnaires des Nations européennes fréquentent la Chine, on n'ait pas pu engager quelques Chinois à nous vendre le fecret de ce vernis qu'on y emploie de tant de manieres, & dont on enduit les meubles & les uftenfiles les plus vils. Il coûte fi peut, que fi nous en avions le fecret & les matieres premieres en abondance, nous pourrions en faire un ufage avantageux dans la Marine.

Je paffe rapidement fur ces objets, leur importance m'y ramenera peut-être. Je vais maintenant procéder à la formation des Etats-Majors, fous leur nouvelle dénomination. En fuivant le nombre que nous avons indiqué plus haut pour en conclure la totalité, un exemple dans chaque rang fuffira.

L'Etat major d'un Vaiffeau de foixante-quatre fera compofé

D'un Capitaine-Commandant,
D'un Lieutenant-Capitaine,
D'un Major,
De deux Lieutenants,
De deux Adjudants,

De deux Enseignes,
D'un Lieutenant,
D'un Adjudant. } à la suite.
D'un Enseigne,

En tout, quinze Officiers.

Les Vaisseaux de soixante-quatorze &
quatre-vingt auront,

Un Capitaine,
Un Lieutenant-Capitaine,
Un Major,
Trois Lieutenants,
Trois Adjudants,
Trois Enseignes,
Un Lieutenant,
Un Adjudant, } à la suite.
Un Enseigne,
Et trois Garde-Marines.

En tout, dix-huit Officiers.

Enfin; les Vaisseaux à trois Ponts auront,

Un Capitaine,
Un Lieutenant-Capitaine,
Un Major,
Quatre Lieutenants,
Quatre Adjudants,
Quatre Enseignes,
Un Lieutenant,
Un Adjudant, } à la suite.
Deux Enseignes,
Quatre Garde-Marines.

En tout, vingt-trois Officiers.

Suppofant donc que le nombre des vaiſ-
feaux de ligne ſe monte ou va ſe monter à
celui que nous avons fixé, nous aurons quatre-vingt Capitaines , autant de Lieutenants-Capitaines , & autant de Majors ;
trois cents cinquante-deux Lieutenants, autant d'Adjudants ; trois cents ſoixante-un
Enſeignes & deux cents quatre-vingt-dix-
neuf Garde-Marines , qui forment en totalité ſeize cent quatorze Officiers. Ce nombre eſt , je crois, ſuffiſant pour armer ,
comme ils doivent l'être , les quatre-vingt-
dix vaiſſeaux de ligne. Voyons maintenant
combien les ſoixante frégates qui entrent
encore dans ma ſuppoſition en emploieront
pour être armées comme on va le voir , en
les claſſant auſſi ſuivant le calibre de leurs
canons ; elles auroient , comme les vaiſ-
feaux, des Officiers à la ſuite de leurs
Etats-Majors : ſavoir , celles portant du
huit, un Enſeigne ; celles portant du douze,
un Enſeigne & un Adjudant ; & celle portant du dix - huit , un Enſeigne , un Adjudant & un Lieutenant ; comme il ſuit :

Les Frégates de dix-huit auron,

Un Capitaine ,
Un Major ,
Un Lieutenant ,
Un Adjudant ,
Un Enſeigne ,
Un Lieutenant , ⎫
Un Adjudant , ⎬ à la ſuite.
Un Enſeigne , ⎭

Trois Garde-Marines,

En tout, onze Officiers.

Celles du douze ,

Un Capitaine ,
Un Major ,
Un Lieutenant ,
Un Adjudant ,
Un Enseigne ,
Un Adjudant ,   } à la suite.
Un Enseigne ,
Deux Garde-Marines.

En tout, neuf Officiers.

En celles qui ne porteront que du huit ;

Un Capitaine ,
Un Lieutenant , faisant fonction de Major ,
Un Adjudant ,
Un Enseigne ,
Un *idem.* à la suite ,
Deux Gardes ,

En tout, sept Officiers.

En additionnant tous ces nombres , on trouve soixante Capitaines, quarante-huit Majors , soixante - seize Lieutenants, cent huit Adjudants, cent vingt Enseignes , & cent trente-six Gardes-Marines. En totalité , cinq cents quarante-huit Officiers ; si , à ce nombre, on ajoute celui que nous avons trouvé pour les vaisseaux , & soixante-seize Officiers , pour le service des Ports , à places fixes , (je dirai bientôt sur quel pied j'entends les établir) on formera un total de deux mille deux cents trente-huit Officiers , non compris les Généraux , qui , dans mon opinion , ne devroient plus se regarder comme appartenant au Corps de la Marine ; je les en sépare dans mon plan , & je veux absolument que dès que le Capitaine d'un vaisseau quelconque , a passé au grade de Chef-d'Escadre , il ne puisse plus conserver le commandement de son vaisseau , ses nouvelles fonctions l'appellant à commander , diriger , conduire un nombre plus ou moins grand de vaisseaux réunis en escadre séparée , ou en division d'une armée nombreuse commandée par un Officier supérieur. Pour marque extérieure de cette séparation , je veux que son uniforme differe de celui des Etats-Majors , je lui ôte les parements rouges , je change le galon , & ne lui conserve que les boutons à l'ancre.

Comparons maintenant le nombre que nous venons de trouver , à celui que le Roi en entretient aujourd'hui, & voyons ce qu'il en résultera. J'ouvre le tableau de la Marine actuelle (1), & je trouve cent quatre-vingt-douze Capitaines, quatre cents onze Lieutenants de vaisseaux & de Ports, vingt-

____

(1) Avant la promotion du mois de Mars 1780.

cinq Capitaines de brûlots, quatre cents quarante-deux Enseignes de vaisseaux, soixante-six Lieutenants de frégates, huit Capitaines de flûtes, & cent quarante-six Garde-Marines, ce qui forme un total de douze cents quatre-vingt-dix Officiers ; qu'on en ajoute encore, au moins, six cents, connus sous le nom respectable, & trop peu respecté, d'Officiers auxiliaires, & on aura, en totalité, dix-huit cents quatre-vingt-dix Officiers ; ce nombre est un peu loin du mien, j'en conviens ; mais aussi, qu'on fasse attention que j'ai quatre-vingt-dix vaisseaux de ligne, & soixante frégates armées, & que j'ai pourvu, en outre, comme on le verra dans la suite à toutes les parties du service sédentaire, au lieu que dans le moment présent, la France n'a tout au plus que soixante-dix vaisseaux de lignes armés, ou environ, soixante frégates, flutes, gabares, lougres ou corvettes.

En parlant de la situation ou sont les choses, on pourroit aisément, par une regle de proportion, trouver à-peu-près quelle seroit l'augmentation d'Officiers nécessaires pour, en remplissant toutes les parties du service sur le pied où il est actuellement, faire monter le nombre de vaisseaux à à celui que j'ai établi dans ma supposition ; je me suis donné la peine de la calculer, & j'ai vu que si soixante-dix vaisseaux, soixante frégates, flûtes, corvettes, &c. & le service des Ports exigent dix-huit cent quatre-vingt-dix Officiers, il en faudroit deux mille cinq cents pour armer quatre-vingt-dix vaiſ-ſeaux de ligne, ſoixante frégates, & fournir au ſervice des Ports. C'eſt donc l'entretien de plus de deux cents individus dont j'éco-nomiſe la dépenſe ; & l'on verra bientôt que j'ai pourvu à tout ce que le ſervice peut exi-ger. *Vous vous avancez beaucoup*, va-t-on ſe hâter de me dire, *vous n'avez pas encore parlé des flûtes, gabarres, corvettes, lougres ou cutters, armés &c. Vous ne leur avez pas encore aſſigné d'Etat Major.* Il eſt facile de répondre à cette objection.

On a vu que j'ai placé à la ſuite de l'Etat-Major de chaque vaiſſeau, un Lieutenant, ou Adjudant, ou même deux Enſeignes, pour obvier à la difficulté des remplacements en cas de morts ou malades, au moment d'un départ précipité ; mais tous les vaiſſeaux, je me flatte, ne ſeront pas dans le cas d'avoir tout à la fois beſoin de ce remplacement, c'eſt donc trois cents cinquante-ſept Officiers, y compris les Lieutenants, Adjudants & En-ſeignes à la ſuite des frégates, dans le nom-bre deſquels je trouverai toujours aiſément de quoi armer vingt à trente corvettes. D'ailleurs on verra, par le développement de mon projet, que le Roi peut trouver, dans la Marine du commerce, de quoi ar-mer, en temps de guerre, ſes flûtes & ſes gabarres.

Je ne m'appeſantirai pas davantage ſur ces détails, cette diſcuſſion eſt trop ſeche ;

il

il me fuffit d'avoir démontré que mon plan n'exigeroit pas un plus grand nombre d'Officiers, & n'entraîneroit pas de ce côté une augmentation de dépenfe. Mais ces Officiers diftribués maintenant en petits corps, dont le plus petit n'excede pas fept, & le plus grand vingt - trois, font-ils fuffifamment payés? Ont-ils des appointements en proportion de la cherté des vivres, dans les Départements où le fervice les oblge à réfider?

Nous fommes dans la troifieme année d'une guerre dans laquelle, fi nous n'avons pas eu de fuccès décidés, nous n'avons, non plus, effuyé de grandes pertes; les avantages balancés, de part & d'autre, ne nous annoncent pas une paix prochaine (1). Chaque année la quantité de monde que l'on raffemble dans Breft, ou dans fes environs, y a porté le prix des denrées de premiere néceffité, à un taux énorme; mais la fubfiftance, ni la folde des Officiers n'a pas augmenté en proportion. Défarmé, pendant que fon vaiffeau eft dans le Port, on donne à chaque Officier les mêmes appointements qu'il avoit en temps de paix, & dans la plus grande abondance, tandis qu'on ne fait pas attention que tout fe vend à un prix exceffif. C'eft, fur-tout, ces Officiers qu'on nomment Auxiliaires, & que le Commiffaire,

---

(1) Ceci s'écrivoit vers la fin de 1780.

K

qui ne les choifit pas toujours dans la claffe
la plus opulente, ni ce qui eft encore pis,
dans celle des mieux nés (1), force à venir
effuyer tous les dégoûts de l'humiliation,
que je trouve bien à plaindre. Ils n'empor-
tent, en partant de chez eux, pour la plus
part, qu'une foible conduite proportionnée
à la diftance des lieux ; ils fe flattent d'être
employés en arrivant fur les vaiffeaux les
premiers prêts, mais la lenteur des armements, en trompant leur efpoir, les force
fouvent à languir plufieurs mois de fuite
dans une difpendieufe oifiveté. Avec 70 liv.
que le Roi leur donne par mois, il faut
qu'ils fe logent fe nourriffent & s'entre-
tiennent, encore font-ils obligés d'en faire
les avances. Auffi beaucoup de ceux qui ne
trouvent pas à s'armer tout de fuite, font-ils
réduits à manger du pain fec dans un galetas, faute de crédit ou de moyens, ou pour
fe ménager de quoi s'acheter un trouffeau
pour la mer. Si encore ces appointements,
tous infuffifants qu'ils font, étoient quittes
de toutes retenues (2); s'ils étoient payés

---

(1) Pour ajouter encore à l'humiliation qu'on
s'efforce d'attacher au titre d'Officier auxiliaire, on n'a
pas rougi d'en parer un matelot nommé maître Jac-
ques, connu par fon ineptie, fon ignorance & fes
fottifes, lorfqu'il commandoit un petit corfaire de
Nantes.

(2) Sans compter celle des quatre deniers pour livre
pour les Invalides, la plupart font encore impofés chez
eux à la capitation. Pour que leur traitement foit convenable, il faudroit leur donner 120 liv. par mois,
lorfqu'ils font défarmés au département, & 80 liv.
lorfqu'ils font armés.

régulièrement à la fin de chaque mois ; sûrs de ce qu'ils ont à dé penser, ils vivroient, en conséquence, du peu que cette somme leur procure. Pourquoi ne pas leur donner plus de douceurs ? Qui empêche de les traiter plus favorablement ? C'est leur faire payer bien cher le mépris dont on les accable. Quels services peut-on en attendre ? Mécontents, dégoûtés, flétris, pour ainsi dire, sous le joug d'une autorité méprisante, ils sont destinés à ramper au dernier rang, sans énergie, sans pouvoir ; ils ne peuvent gueres en imposer aux équipages ? De quelle utilité peut être à l'Etat leur expérience, dès qu'ils ne sont employés qu'en sous-ordre, & que le plus jeune & le plus étourdi des Enseignes de vaisseau, qui les dédaignent, se garde bien de s'éclairer de leurs conseils ? Ne craignons donc pas de le répéter, cet établissement bien vu, est, on ne peut pas plus, mal exécuté. Dans le système actuel, pourquoi du titre honorable d'Officier Auxiliaire, ne pas leur faire un état réel ? Si le Gouvernement persiste à diminuer, en temps de paix, la moitié de les forces navales, ces Officiers rendus au commerce, où ils continueroient d'acquérir des connoissances sur mer, devroient y rapporter les marques de leur dévouement ; il est d'autant plus méritoire, qu'il est accompagné des plus fréquents dégoûts. Si le choix des Officiers avoit été fait avec plus de discernement ; si, en cherchant les plus inf-

truits, on avoit eu soin de n'admettre que
ceux qui, par leurs sentiments, leur naissance & leur éducation, étoient dignes de
frayer avec une Noblesse ombrageuse &
fiere, qui s'est toujours efforcé de les tenir
écartés, pourquoi par un juste retour, le
Gouvernement qui les appelle à son secours,
qui accepte des services offerts par quelques-uns généreusement, ne leur accorde-
roit-il pas une distinction permanente qui
peut seul être le prix du sacrifice de leur
amour propre ? Pourquoi leur refuser, avec
opiniâtreté, la satisfaction de rapporter,
chez eux, la seule preuve qu'on puisse leur
donner qu'on est content de leur service ?
Loin de laisser tomber dans l'oubli un titre
momentané, il falloit, par une loi cons-
tante, l'assurer à l'Officier qui l'a mérité,
qui l'a obtenu, le lui conserver toute la vie,
lui donner le droit d'en porter par-tout la
marque distinctive, comme un gage de la
reconnoissance de la patrie, & une assurance
que ses services pourroient encore lui être
utiles & agréables, si la guerre les récla-
moit. Une ordonnance qui offriroit cette
perspective seroit suivie des plus heureux
effets. La nomination de ces Officiers, faite
avec plus de choix, l'honneur seul d'y être
admis, seroit une distinction ; mais il faut
se rappeller qu'une considération n'a de prix
qu'autant qu'elle est durable. Les hommes,
qui sont toujours mus par l'intérêt de leur
amour-propre, peuvent-ils accorder quel-

que faveur à une diſtinction paſſagere qui
va rentrer, à la paix, dans le néant, donc
on l'a fait ſortir. Je ſuis bien perſuadé qu'on
ne ſe ſouviendra, dans la Marine, des Auxiliaires que pour s'amuſer du ridicule,
dont un orgueil jaloux s'eſt efforcé de les
couvrir.

On a affecté de ſe plaindre bien haut
de l'ineptie, la groſſiereté, l'ignorance,
ou la baſſeſſe de quelques-uns; on s'écrie ſans
ceſſe que c'eſt proſtituer l'uniforme de la
Marine, que de la faire porter à pluſieurs
d'entre eux, qui le déshonorent; on trouve
déſagréable d'être obligé d'admetre à ſa table
des hommes ſans naiſſance & ſans éducation; mais à qui doit-on s'en prendre ? Aux
Chefs mêmes de la Marine, à pluſieurs
d'entre ceux qui commandent, qui ne mettent pas aſſez de diſcernement dans leur
choix. Je le repete encore, & je ne ſauroit me laſſer de le dire, en aſſociant tant
de gens au ſtérile honneur de porter l'é-
paulette, il ne faloit pas laiſſer entiérement
à la diſpoſition des Commiſſaires aux Claſſes
le choix des Sujets dont le Gouvernement
vouloit tout-d'un-coup augmenter ſa Marine.
Le peu de délicateſſe que la plupart y ont
apporté, annonce, de leur part, une partialité dictée, ſans doute, par des motifs
particuliers (1). Il falloit les chercher dans

____

(1) Il y a ſans doute des motifs particuliers qu'il
n'eſt pas bien difficile de diviner; des ſujets de mérite,

la bonne Roture, ou la Nobleſſe commer-
çante, & n'en pas admettre qui ne fuſſent
munis d'atteſtations des Juges, des Curés,
& des Principaux notables des lieux de leur

que leur naiſſance ou leurs prérogatives ſouſtraient à
l'autorité des claſſes, n'auroient pas voulu être envoyés dans les ports comme les matelots de levée, ni
s'embarquer ſur les vaiſſeaux du Roi, ſans être pourvus
d'un Brevet qui leur aſſigna un rang dans la Marine.
C'étoit le but de l'inſtitution, & l'intention du Miniſtere : ils devenoient, dès-lors, ſuſceptibles des mêmes diſtinctions & des mêmes privileges que les Officiers de la Marine ; & ſous ces droits, ces conſidérations, & les formalités qu'ils entrainent, qu'on a eu
plus à cœur de leur ôter. En les privant des titres que
le Miniſtre leur deſtinoit, on s'eſt ménagé les moyens
d'en diſpoſer d'une maniere plus deſpotique, & de leur
fermer tout accès dans le Corps. Voici un trait qui
prouve la différence réelle qui exiſte entre un Officier
porteur d'un brevet pour la campagne, & celui qui
n'a qu'un ſimple ordre du Commandant du Port : Dans
une de nos armées navales, le Capitaine d'un vaiſſeau
ayant porté des plaintes au Général contre un Officier
auxiliaire de ſon bord, qui, dans un moment d'indignation, d'emportement, lui avoit remis ſon épaulette d'une maniere peu reſpectueuſe, le Général lui fit
cette réponſe : ſi l'Officier dont vous êtes mécontent,
& qui a manqué à la ſubordination qu'il vous devoit,
n'eſt pas muni d'un brevet pour la campagne, s'il n'eſt
Officier que de la façon des Commandants des Ports,
caſſez-le ſur le champ, & mettez-le matelot à douze
francs. Cet ordre a été exécuté ; il ſe trouva, comme
mille autres, dans ce cas ; il ſubit cette peine, & a été
débarqué au premier Port. Je laiſſe à penſer au Lecteur l'impreſſion défavorable que cet exemple dut faire
ſur l'équipage, le reſpect qu'on porte à un Officier expoſé à être traité de cette maniere. Le fils d'un Maçon,
d'un Cordonnier qu'on a fait ſortir de ſa ſphere, y rentre, à la bonne-heure ; mais il faut d'autres formalités
pour un ſujet bien né, que la Cour a pourvu d'un brevet. Ces diſtinctions échappent au grand nombre.

naiſſance, qui certifiaſſent la régularité de leurs mœurs, & la pureté de leur origine. Les Commiſſaires n'euſſent dû ſervir qu'à prouver leur capacité, par la quantité de leurs voyages au long cours ; alors ceux que la bonne volonté, l'ambition ou la gloire, ont fait entrer dans la carriere maritime, n'auroient pas à rougir de ſe voir confondus avec des fils de vils artiſans ou de laquais (1), & de partager ſans diſtinctions les dédains que la vanité & l'orgueil leur prodiguent à tous. Enfin, ſi l'économie ou quelques autres raiſons font rejetter mon ſyſtême, ſi le Roi ne veut pas entretenir en temps de paix une Marine ſi puiſſante, un corps d'Officiers ſi nombreux, je ne vois rien de plus ſimple, que de perpétuer, affermir, & perfectionner l'établiſſe-des Officiers Auxiliaires Ce que je vais propoſer ici révoltera, j'en ſuis ſûr, la hauteur intolérante de la Marine ; mais, comme je n'ai rien à ménager, je propoſe avec franchiſe tout ce qu'il me ſemble avantageux d'adopter. Diſons le donc encore une fois, le parti qu'on a pris d'admettre ſur les vaiſ-

---

(1) Un Officier d'une naiſſance honnête & d'une capacité reconnue, que ſon patriotiſme ou l'ennui de l'oiſiveté a conduit à Breſt, avec un brevet de Lieutenant de frégate pour la campagne, a eu le déſagrément ſingulier d'y trouver un laquais qui l'avoit ſervi, revêtu du même habit & du même titre. La Marine ne ſe montre auſſi peu délicate ſur le choix, que pour en prendre droit de mépriſer avec une ombre de juſtice, dans la perſonne de quelques particuliers, ceux que l'on confond ſous les titres d'Auxiliaires.

feaux du Roi des Officiers Auxiliaires, eft bien vu ; mais , fi on veut les conferver, il faut leur ôter tous les fignes de réproba- tion qui les flétriffent, en faifant difparoître les humiliantes diftinctions qui les morti- fient ; il faut abbattre ces barrieres que l'orgueil a pofées entre les Officiers du grand Corps & ceux des grades intermé- diaires , anéantir ces derniers , & donner indiftinctement aux Auxiliaires les grades de Lieutenants & d'Enfeignes, lorfque leur expérience , leur conduite, leur lumiere , leur naiffance , & leur éducation les en aura rendus fufceptibles. Pendant la paix ces Officiers continuellement en activité fur les vaiffeaux du Commerce nourriroient leur expérience dans les fonctions pénibles d'un métier qui demande un exercice habituel ; & loin de perdre , par une fufpenfion né- ceffaire de leurs privileges, les avantages refpectifs de leurs grades, ils y feroient avancés fuivant leur mérite, & rouleroient avec le corps de la Marine , fuivant l'an- cienneté de leurs Brevets Cet établiffe- ment que je propofe , en paffant, a fes in- convénients, je le fais ; je ne fais que l'indiquer comme un diminutif de mon plan. Au refte, ces réflexions m'ont entraîné loin de mon fujet, j'y reviens. Je plaidois la caufe de l'indigence, & je difois qu'on ne peut s'empêcher de convenir que l'Officier fans fortune, attaché au fervice du Roi, eft réellement bien à plaindre, En effet,

trouvera-

trouvera-t-on que les Officiers, *soit-difants du grand Corps,* foient beaucoup mieux traités que ces Auxiliaires? Comment l'Enfeigne de vaiffeau qui n'a de chez lui qu'une modique penfion pouvoit-il vivre avec huit cents francs d'appointement, fans le crédit qu'il trouve dans les départements? Je vais exciter les clameurs de la prudente économie, mais fans m'en laiffer étourdir, je propofe de les augmenter à l'Officier comme au Matelot. Je penfe qu'on devroit donner au

Capitaine de vaiffeau. . . . . 3600 l.
Au Capitaine de frégate. 3200
Au Lieutenant-Capitaine. 2800
Aux Majors de vaiffeau & frégate. 2400
Aux Lieutenants. 1800
Aux Adjudants. 1500
Aux Enfeignes. 1200
Et aux Garde-Marines. 900

J'ai calculé avec foin ce que le nombre d'Officiers, dont l'augmentation de vaiffeaux que je fuppofe établit la néceffité, coûteroit à l'Etat, & je trouve que la fomme de leurs appointements, réglés fur le tarif, fe monte à trois millons cinq cens trente-quatre mille trois cents livres. 3,534,300 l.

J'ai calculé auffi, avec le plus de jufteffe qu'il m'a été poffible, à combien doit fe monter ceux de la Marine actuelle : j'ai trouvé qu'il forme un total de. . . . . 2,639,260 l.

L'excédent eft donc de. . . ‾‾‾895,040‾‾‾

L

Maintenant par une regle de proportion, il eſt facile de trouver l'augmentation des appointements de la Marine actuelle, montée au nombre que mon projet
exige, on a vu qu'il étoit de deux mille
cinq cents Officiers; j'ai encore pris la peine
de chercher cette regle d'approximation,
& le réſultat de mon opération prouve que
leur entretien, ſur le pied actuel, coûteroit au Roi environ deux millions neuf
cents ſoixante-dix mille cinq cents trente
livres; c'eſt à la vérité près de ſix cents
mille francs de moins ſur la ſomme que
mon plan demande; mais qu'on faſſe attention que j'augmente les appointements de
chaque grade, & que je les mets à un taux
plus proportionné aux beſoins & à la difficulté des circonſtances. Par quelle fatalité,
le Corps aujourd'hui le plus utile, eſt-il le
plus mal traité? On a augmenté ceux de l'Infanterie; il n'y a que ceux de la Marine aux-
quels on n'a pas touché. Cependant le ſervice de l'un eſt bien moins aſſujettiſſant que
que celui de l'autre. L'Officier de terre eſt
ſûr, en paix comme en guerre, à moins
qu'il ne ſoit à l'Armée, de paſſer dans ſes
foyers domeſtiques ſept mois ſur ving-quatre,
& l'obligation de fournir ou de payer deux
hommes de recrue en ſon corps, eſt une
légere rértibution en comparaiſon des douceurs qu'il s'y procure, tandis que l'Officier de mer que la guerre éloigne ſouvent, pour pluſieurs années, de ſes Pénates,

eſt privé entiérement de ſes appointements.
Lorſqu'au retour d'une longue abſence il
ſollicite un congé de la Cour pour aller vaquer à ſes affaires, il eſt vrai qu'on ne lui fait
aucune retenue, s'il n'eſt abſent qu'avec la
ſeule permiſſion du Commandant; mais il
eſt ſujet à être rappellé au premier ordre
de la fantaiſie, ou du caprice de ce Chef.
Ces conſidérations m'ont déterminé à établir des ſemeſtres dans la Marine; on verra
à la fin de ce projet, par la maniere d'employer les forces navales en temps de paix,
qu'il eſt poſſible de donner cette ſatisfac-
tion, à des époques réglées.

Je voudrois donc qu'on diviſât les Officiers de même grade dans les Etats-Majors,
(les trois Chefs & les Garde - Marines
exceptés,) ſans trop ſe ſoucier que ces nombres ſoient ronds, de maniere qu'il y eût
toujours au département, ſur trois Lieutenants, deux, & ainſi des autres grades :
obſervant de ne pas occuper à la fois à d'autres ſervices tous les Officiers à la ſuite d'un
même vaiſſeau, ſur-tout dans ceux du troiſieme rang & des frégates de dix-huit, où
ils doivent néceſſairement completter le
tiercement. MM. les Garde-Marines ne jouiront du ſemeſtre qu'après qu'ils ſeront jugés
ſuffiſamment inſtruits. Ils ſeront ouverts
tous les ſix mois après une revue d'Inſpec-
teur, à commencer au premier d'Octobre ;
c'eſt-à-dire, que ſur dix-huit mois, on en
paſſera douze au département, & ſix chez

101. Les Majors & Lieutenants-Capitaines feront obligés d'alterner, pour qu'il y en ait toujours un d'eux préfent, tandis que l'autre eft chez lui, où il ne pourra refter plus de fix mois, y compris le temps de la route, & le Capitaine, fur un an, fera tenu d'être quatre mois à la tête de fon Etat-Major.

Les chofes établies fur ce pied, je voudrois foumettre les Officiers de chaque grade, partant pour le femeftre à une impofition proportionnée à leurs appointements, qui feroit verfée dans une caiffe particuliere établie à cet effet, dans chaque département des Claffes, comme il fuit :

Le Garde-Marine payeroit. . .	60 l.
L'Enfeigne.	90
L'Adjudant.	120
Le Lieutenant.	150
Le Major.	180
Le Lieutenant-Capitaine. . . .	210
Le Capitaine de frégate. . . .	240
Le Capitaine de vaiffean. . . .	270

J'indiquerai bientôt à quel ufage je deftine le produit de cette taxe, en fuppofant que le tiers des Officiers feulement, profitât annuellement de la liberté d'aller en femeftre, elle produiroit au moins cent vingt ou cent trente mille livres, &c.

Les Officiers qui font réfidence dans les Ports de la Marine, ou dans l'intérieur du

Royaume , verferoient leurs impofitions dans une caiffe établie au principal département, pour le produit en être réparti aux bureaux des Claffes qui en dépendent, fur-tout aux plus pauvres & aux moins peuplés, & je la nomme , à caufe de cet ufage , *caiffe de répartition*.

Je voudrois de même qu'on augmentât la folde de chaque claffe des hommes claffés ; qu'on donnât aux novices ou *juvenins* , dont je parlerai dans la fuite, quinze francs ; aux matelots proprement dits , dix-huit livres ; aux *nautilants* , nouvelle claffe de matelots que j'établis , vingt-une livres ; & aux ga-biers , vingt-quatre.

Je demande à préfent s'il eft poffible dé fe diffimuler les avantages infinis que l'Etat retireroit d'une Marine nombreufe bien payée , & remplie d'une louable émulation, quelque foit le nombre de vaiffeaux où on la veuille faire monter ? Il me refte à par-ler de la difcipline , & de la police à éta-blir dans chaque vaiffeau , & dans les Ports : c'eft ce que je vais détailler dans le Chapi-tre fuivant.

CHAPITRE IV.

*De la Discipline ; des différents dé-
tails d'un Vaisseau, confiés à différents Officiers ; de l'assemblée
des Levées, de l'emploi des Volontaires, & de la police intérieure
des Vaisseaux.*

JE définis la discipline , l'observance
exacte & précise de tout ce que les Ordonnances prescrivent dans le service maritime.
Rien de si arbitraire cependant, rien de si
changeant que le service qui se fait à bord
des vaisseaux dans les ports , dans les rades , ou à la mer , suivant le caprice de chaque Capitaine ; il varie, s'approche ou s'é-
loigne d'avantage de l'esprit de l'Ordonnance , & communique aux fonctions dont
un Officier peut être chargé , une incertitude préjudiciable à leur prompte exécution ; cette situation pénible le rend souvent
indécis sur ce qu'il doit prendre sur lui de
faire ou de ne pas faire ; dans le doute , s'il
encourrera le blâme , ou s'il obtiendra l'ap-
probation d'un supérieur qu'il connoît peu ,
& qu'il appréhende de rencontrer dans un
moment de mauvaise humeur. C'est cette

incertitude & cette indécision que je veux faire cesser ; voici les moyens que je propose.

Fixer, par une Ordonnance nette & précise, le service que chaque Officier doit faire, quand & comment il peut s'absenter, le nombre d'Officiers qui doit rester à bord, dans quelles circonstances ils peuvent le quitter, découcher même, si leurs affaires l'exigent.

L'Ordonnance du 25 Mars 1765, pour être trop exigeante à cet égard ; n'est presque jamais suivie, ce qui ne contribue pas peu à admettre la variété dont je me plains.

Je voudrois donc qu'on permît aux Capitaines & aux Officiers d'aller à terre, d'y coucher même, quand il seroit nécessaire ; mais je désirerois, en même temps, que l'Ordonnance fît une distinction, qui me paroît essentielle, entre une Rade foraine, exposée aux insultes des ennemis, ou aux événements que la force du vent peut occasionner ; & une rade sûre, défendue, bien fermée, comme celles de Brest & de Toulon ; il existe entr'elles une différence bien sensibles. Un vaisseau dans les Rades des ports Neutres, ou dans celles de nos Ports, est encore dans une position bien différente. C'est donc aux Ordonnances à mesurer les précautions sur la probabilité des risques à courir, & sur la quantité d'Officiers que le service exige ; sans ces distinctions, les regles qu'elles prescrivent sont si rigides, qu'il est impoſſible de ne pas les enfreindre ; delà s'enſuit le relâchement de la diſcipline dans le premier cas , c'eſt-à-dire , dans une Rade peu ſûre , expoſée aux attaques de l'ennemi , aux efforts du mauvais temps , de la groſſe mer & du grand vent ; j'exigerois , ſans doute , que le Capitaine & le Lieutenant-Capitaine ne fuſſent jamais abſents à la fois , & que ſi la diſtance des lieux le permettoit , ils ne puſſent pas découcher ; je ne voudrois pas , non plus , que les deux Lieutenants , les Adjudants , ou les deux Enſeignes quittaſſent le bord enſemble ; je demanderois , enfin , qu'il y eût toujours les deux tiers de l'Etat-Major à bord.

Mais dans nos Rades les plus cloſes , & celles de nos Colonies , où il n'eſt preſque jamais arrivé d'événements par le mauvais temps , où l'on n'a rien à craindre de l'ennemi , exiger la même régularité , c'eſt expoſer , à coup ſûr , les loix qui la preſcrivent à être tranſgreſſées , ce qui arrive preſque toujours ; & quand on s'écarte une fois des obligations qu'elles impoſent , il eſt difficile de fixer le point où l'on doit s'arrêter ; c'eſt à l'Ordonnance elle-même à l'indiquer. Voici , à mon avis , juſqu'où elle doit ſe montrer complaiſante.

Permettre au Capitaine , au Lieutenant-Capitaine , & au Major , de s'abſenter auſſi ſouvent que leurs affaires le demanderont , de coucher même à terre , pourvu qu'il y ait toujours un des trois à bord. Dans les

vaiſſeaux de ſoixante-quatre, preſcrire aux
Lieutenants, Adjudants & Enſeignes, de
faire chacun, à leur tour, une garde de
vingt-quatre heures ſeulement; & aux trois
Garde-Marines, de ſuivre le ſervice de ces
Officiers, c'eſt-à-dire, que le premier feroit
la garde avec les deux Lieutenants, le ſecond avec les Adjudants, & le troiſieme
avec les Enſeignes, de maniere qu'il y auroit toujours trois Officiers à bord; le
Chef, qui repréſenteroit le Capitaine;
l'Officier de garde & le Garde-Marine deſtinés à aller prendre l'ordre à bord du
Commandant, ou à faire les corvées de la
chaloupe ou du canot, qui demandent la
préſence d'un Officier. Si, dans le moment
de ſon abſence, on appelloit à l'ordre, je
le ferois remplacer par un *Ordonnance* tiré
des *Volontaires*, dont je propoſerai ci-après
le nouvel établiſſement. L'Officier de garde
ne doit pas quitter le bord ſous quelque
prétexte que ce ſoit.

Si, enfin, dans un cas extraordinaire,
les trois Officiers-Majors étoient obligés de
s'abſenter à la fois, alors le plus ancien
des Lieutenants, ou, à ſon défaut, celui qui
le ſuit, ſeroit tenu de reſter à bord, il repréſenteroit le Capitaine, auroit le commandement; & les fonctions de l'Officier
de garde, ſoit Adjudant, ſoit Enſeigne,
feroient de veiller, par lui-même, au travail qui ſe fait; d'être préſent aux arrivées
& aux départs des canots & chaloupes du

bord , ou étrangers ; de tenir le vaisseau dans la plus grande propreté ; de prendre ou faire prendre note des gens à qui il auroit permis d'aller à terre , & de leur retour ; maintenir la police & le bon ordre à bord ; punir ceux qui le mériteroient ; faire l'inspection de la garde , la faire monter en sa présence , (le Garde-Marine se mettroit toujours à la tête pour la faire défiler) ; d'avoir l'œil à tout ce qui se passe à bord , & d'en rendre compte à l'Officier supérieur , commandant en chef. Les Garde-Marines auroient les mêmes fonctions , sous l'autorité du Chef de garde.

Sur les Vaisseaux de soixante-quatorze & quatre-vingts canons ; comme il y a trois Officiers de plus , les Lieutenants , & les Adjudants seulement, feroient aussi des gardes de vingt-quatre heures , & les Enseignes & les Garde-Marines les doubleroient.

Dans les vaisseaux à trois ponts , il y auroit trois Officiers de service en même-temps , qui ne monteroient la garde que de vingt-quatre heures seulement ; les Lieutenants & les deux premiers Adjudants , feroient toujours Chefs de garde , les autres les doubleroient , suivant l'ancienneté ; & les Garde-Marines les tripleroient en alternant entr'eux.

Les quarts , à la mer , pourroient se régler ainsi. Dans les vaisseaux à trois ponts , il y en auroit huit , c'est-à-dire , que les quatre Lieutenants , & les quatre Adjudants, feroient toujours Chefs de quarts ; les Gardes-Marines doubleroient ceux-ci , & les Enfeignes les premiers. Dans les vaiffeaux des autres rangs ; il n'y auroit ni plus ni moins de fix quarts , dont tous les Chefs pourroient de temps en temps , & dans les beaux parages, fe repofer fur leurs feconds , du foin de conduire & manœuvrer le vaiffeau , pour leur faire effayer leurs forces , & leur donner de l'émulation. Le fervice fixé de cette maniere , ne laiffe plus aucune incertitude.

Dans les vaiffeaux de guerre , c'eft ordinairement le premier des Lieutenants ; & dans les frégates le fecond des Officiers, que l'on charge du détail de tout le bâtiment ; c'eft lui qui répond de tous les effets qu'il renferme , qui tient compte de la confommation journaliere des vivres , bois, fourages , agrès , médicaments , uftenfiles, &c. C'eft fous fes yeux , & par fes mains, que fe font les états de demande , les billets d'hôpitaux , les livraifons des hardes , & généralement tout ce qui concerne la dépenfe , l'entretien , les mouvements du role , &c. j'attribue toutes ces mêmes fonctions aux Majors ; mais comme je défaprouve cette manie de tout faire par un feul (1),

---

(1) Le Lieutenant en pied , dans le régime actuel , eft l'homme effentiel , unique , univerfel ; c'eft lui qui fait tout faire , & qui confomme généralement tout ce qui fe dépenfe à bord ; fon détail eft tel , que

& rien par les autres ; j'en fépare les détails
fuivants.

L'artillerie, que je donne abfolument au
premier des Lieutenants, c'eft-à-dire, qu'à
l'armement, on remettra à cet Officier &
au Maître Canonnier, un imprimé femblable à l'inventaire général, article du canonnage. Il examinera affidument fi tout ce
qui eft marqué fur la feuille, s'eft trouvé
dans le magafin du vaiffeau, & a été tranf-
porté à bord ; fi tout eft en état. Sur les
demandes, vifées du Major, on rempla-
cera ce qui aura manqué, ou ce qui fera
jugé hors de fervice ; il fera préfent à
l'épreuve des canons & des poudres ; il
fera mettre, à la fin de chaque mois, fur
le regiftre du Canonnier, les confommations, qu'il fignera ; & fur le fien, les
mêmes confommations, fignées du Maître
canonnier. Enfin, il aura une infpection
générale fur tout ce qui eft du reffort du
canonnage ; c'eft à lui que le Maître Canonnier, le Capitaine d'armes & les Ar-

---

l'Officier qui le fuit n'ofera pas difpofer d'un feul fil
caret fans fon aveu ; l'étendue de fes fonctions,
l'immenfité de fon détail, dans un vaiffeau de ligne,
eft effrayante : je l'augmente encore par quelques
articles de mon plan ; c'eft ce qui m'a déterminé à en
féparer quelques parties. D'ailleurs, l'attention par-
tagée entre tant d'objets, ne peut que les embraffer
foiblement : qu'arrive-t-il, l'Officier deftiné à le remplacer, après une action où il auroit été tué, eft tout
neuf, & fe trouve accablé d'une befogne qui ne lui eft
pas familiere.

muriers, feront tenus de rendre leurs comptes, qu'il préfentera enfuite, fignés de lui,
au Major, à vérifier & vifer. Cette police
s'étendra fur tous les Canonniers, depuis le
Maître, jufqu'au dernier matelot. Il aura
fur eux l'autorité & l'infpe&ion qu'un Capitaine a dans l'Infanterie fur les foldats
de fa compagnie.

Le fecond des Lieutenants aura, de même,
la police, l'infpe&ion & difcipline de la
compagnie des Volontaires, & du détachement des troupes embarqués, à moins
qu'il ne foit fourni par un des Régiments
de l'Infanterie.

Le premier des Adjudants aura auffi, le
détail du pilotage, l'infpe&ion fur les pilotes, leurs uftenfiles, & tout ce qui a rapport aux fignaux à la timonerie.

Le fecond des Adjudants, celui du charpentage, ferrurerie & vitrage.

Le premier des Enfeignes aura celui de
la voilerie & du calfatage; & enfin,

Le fecond des Enfeignes aura le détail
des bateaux, de la tonnellerie & de la peinture. Les trois Garde-Marines feront affo-
ciés, aux trois principaux détails, de l'ar-
tilerie, du pilotage & du charpentage, &c.
Tous rendronr compte au Capitaine, au
Lieutenant-Capitaine & au Major. Ce dernier confervera l'infpe&ion générale fur tous
ces détails, fans les gêner ; & dans le cas
feulement où il appercevroit de la négligence ou de la mauvaife volonté, il lui

resteroit les consommations du Maître, les vivres, les mouvements du rôle, le détail de l'habillement, &c. Par cette nouvelle disposition, tous les Officiers occupés de quelques détails prendroient l'habitude de calculer les quantités, d'apprécier la qualité des matieres que ces détails emploient, leurs durées, & les inconvénients de leurs pertes ou mauvaises distributions; ils obligeroient à une certaine économie ces Maîtres qui font toujours prodigues de ces effets dont on leur passe trop facilement la consommation; enfin, il leur seroit aisé de connoître successivement, dans la plus juste estimation, tout ce qui entre dans l'entretien journalier d'un vaisseau de ligne ou d'une frégate. Ces connoissances préliminaires les mettroient plutôt en état de passer, dès qu'ils en seroient jugés capables, au grade de Major & de Lieutenant - Capitaine, &c. (1).

Ces dispositions semblent, au premier coup-d'œil, minutieuses; mais plus on y réfléchit, plus on en doit sentir les avan-

----

(1) Dans les vaisseaux du premier, second & troisieme rang, comme les Etats-Majors font plus nombreux, & le détail plus considérable, le Major pourra choisir parmi les Officiers que ces dispositions laissent libres, un ou deux de différents grades, entre les mains desquels il se déchargeroit de quelques parties de son détail, comme l'habillement, les consommations du Chirurgien & de l'Aumônier. Tous les Officiers seroient, au reste, chargés de la police.

tages. Il ne faut pas oublier que les Etats-
Majors, bornés aux individus qui les composent, doivent tirer de leur propre fond
toutes leurs ressources. Dans le système
actuel, la fantaisie des Chefs, des idées
d'antipathie, ou de convenance, leur donnent souvent le desir de se choisir eux-
mêmes des seconds, ce qui occasionne une
mutation continuelle dans les Etats-Major ;
les Officiers qui se succedent ont à peine
le temps de connoître les gens de l'équipage, étude essentielle pour en faire une
sage distribution. C'est sur-tout dans la formation des équipages, & dans le choix
qu'on en fait pour leur assigner différents
postes dans le combat, qu'on reconnoît ce
discernement exercé de celui qui y a pré-
sidé.

Le peu de prévoyance que l'on met dans
l'assemblée de levées de matelots, & la
formation des équipages, est, à mon avis,
une des causes journalieres qui contribuent
le plus à leur prompte destruction. On les
rassemble de tous les côtés de la France ;
on les occupe, dès qu'elles sont arrivées,
aux travaux du Port, en attendant que les
vaisseaux destinés à les recevoir soient prêts,
sans s'inquiéter si ces hommes qui ont fait
de longues routes, qui sont excédés de
fatigue, n'ont pas besoin de quelques jours
de repos, & s'ils ont pu se procurer des
gîtes sains & convenables. Ils se mettent
en pension chez la premiere hôtesse qui veut

les prendre à crédit. Leurs hardes qu'ils font
venir par la meſſagerie, quelqu'autre voie
plus lente, leur manquent abſolument; ils
auroient beſoin de quelque délaſſement,
mais la néceſſité de payer leurs dépenſes
les force à ſe préſenter au travail. Vingt
ou trente ſous qu'on leur donne par jour
ſuffiſent à peine à leur faire trouver un
mauvais gîte, & la plus groſſiere nourriture ; ils ſe logent ſouvent, ſur-tout à Breſt,
dans les galetas d'une rue étroite, mal-
propre, & ſemblable à un cloaque fangeux
où le ſoleil n'a jamais pénétré ; ils couchent
deux ou trois ſur un même grabat, où ils
reſpirent, éveillés comme endormis, des
miaſmes putrides qui attaquent bientôt la
conſtitution la plus robuſte. Il arrive quelque fois qu'on ne leur laiſſe pas le temps
de pomper ces émanations funeſtes; mais
c'eſt éviter un mal pour tomber dans un
autre : deſtinés à remplacer des hommes
malades au moment du départ, on les tranſ-
porte, ſans pitié, à bord des vaiſſeaux prêts
à partir, avec les ſeules hardes dont ils
ſont couverts. Si ce ne ſont pas les circonſtances qui les expoſent à cette diſette,
c'eſt ſouvent le libertinage ou l'ivrognerie.
Les vaiſſeaux appareillent, ces hardes s'uſent
& ſe pourriſſent ſur eux, la mal-propreté
qui s'enſuit, engendre la vermine & des maladies contagieuſes. Il n'eſt que trop ordinaire de voir l'homme ſain victime de la
néceſſité qui le force de partager le lit de

ſon

fon fale compagnon, de boire dans la même taffe, & de manger dans le même plat.

Telles dégoûtantes que foient ces triftes réflexions, je m'y fuis livré, parce que les funeftes conféquences des maux que je viens de détailler fe font appercevoir tous les jours. L'humanité, gémiffant de tant d'horreurs, a beau tendre les bras, tous les cœurs fenfibles détournent les yeux, & les cœurs endurcis voient ces malheurs de fang froid, parce qu'ils les croient fans remedes. Il en exifte cependant ; mais la coutume a tant d'empire fur nous, qu'elle nous fait rejetter avec mépris toute efpece d'innovation. Nous verrons, dans le Chapitre fuivant, le remede à tous ces maux.

Mais il ne fuffit pas de préferver la fanté de ces hommes précieux de l'inclémence des faifons & des influences du mauvais air, il faut encore arracher l'homme vicieux à fes funeftes penchants, mettre un frein à l'audace entreprenante de celui qui fe fent affez fort pour opprimer le foible, l'arrêter, l'intimider par la crainte des châtiments ; & par une jufte difpenfation des douceurs & des fatigues attachées à leur état, leur faire goûter à tous les avantages d'une exacte difcipline. Il faut encore favoir diftinguer & punir la pareffe, exciter & récompenfer l'activité, faire fentir enfin par des réglements fages & précis, l'importance d'une fubordination fans bornes, & des égards ref-

M

pectifs à établir , parmi des gens de tant
de profeſſions différentes raſſemblées dans
dans un vaiſſeau ; de maniere que les prétentions des uns ne ſoient pas à la charge
des autres ; aſſigner des places fixes , dans
le moment où tout le monde doit donner
à la manœuvre , à tous les individus qui
compoſent l'équipage. Il exiſte ſur tous ces
objets une foule d'abus énormes que je ne
puis qu'indiquer ; mais c'eſt à une Ordonnance faite exprès à deſcendre dans tous
ces petits détails , à poſer une ligne de dé-
marcation , qui ſoit la borne des réclamations des uns contre les uſurpations des
autres , & qui termine, ſans retour , ce
conflit d'autorité qui fait le ſujet ordinaire
des querelles qui s'élevent entre le Maître
& les gens de différents métiers. Je me
contenterai de dire , en paſſant , que c'eſt
à elle à donner au Maître Nocher une
autorité bien poſitive ſur les chefs de métiers , à qui, pour marque de dépendance,
en fixant l'autorité par le rang , je n'at-
tacherois plus que la qualification de
Contre - Maître. Je voudrois donc qu'un
article de l'Ordonnance fixât d'une maniere bien préciſe , le rang du Maître
Nocher après le dernier Officier ; qu'elle
obligeât tous les gens de l'équipage indiſtinctement, à reconnoître ; qu'il eût enfin
les mêmes droits & prérogatives qu'ont les
Adjudants dans l'Infanterie.

Les troupes que l'on embarque appor-

tént encore avec elles une foule de préjugés qui font contraires au bien du fervice :
comme j'en augmente le nombre, je fens
qu'il eft effentiel que l'on emploie les lumieres de la raifon, la force de l'exemple,
& l'autorité des Réglements & des Ordonnances, à les détruire entiérement. N'eft-il
pas ridicule qu'un foldat qui n'a pas honte
à terre de nettoyer à fon tour la chambre
qu'il occupe dans une caferne, fe croie
déshonoré, à bord, de fe voir entre les
mains une gratte & un balai ; & s'il fait
de l'ordure quelque part, qu'il faille que
ce foit un matelot qui la nettoie ? Suivre
cet ufage, n'eft-ce pas perpétuer un abus ?

La pareffe n'eft pas le moindre des défauts qu'ils apportent à bord. Accoutumés
à la fainéantife des garnifons, le travail
de la manœuvre les rebute ; il leur paroît
au-deffous d'eux. Une corde, dans leur opinion, avilit des mains qu'ils ne croient faites que pour manier un fufil ; ils penfent
que ce n'eft point à eux que le fifflet s'a-
dreffe, & fe choquent trop aifément des
expreffions énergiques d'un Maître. Je conviens que pour faire agir un homme il ne
faut pas l'injurier ; qu'ils foient dociles à
fe laiffer conduire, attentifs à ce qu'on leur
commande, prompts à agir au premier
ordre, & on les traitera avec les égards
qu'ils exigent. En général, leurs Chefs ne
font pas affez perfuadés qu'après la propreté, un travail modéré & continu eft un

des meilleurs préservatifs contre le scor-
but, qui les attaque beaucoup plus vîte
que les matelots. Il faut encore les con-
vaincre que plus ils mettront de célérité
dans l'exécution des manœuvres, moins
elles leur seront pénibles. Ne perdons pas
de vue notre grand principe, qui est de
faire naître & d'encourager l'émulation &
l'activité par l'appas des récompenses. En
conséquence, dis-je, exciter les clameurs
des partisans de l'économie, je demande
que l'on augmente en général de deux sous
par jour la paie de tout soldat en garni-
son sur les vaisseaux, & en particulier de
trois sous celle de ceux qui se montreroient
plus attentifs à connoître l'usage, & à retenir la place des différentes manœuvres
basses, & qui s'empresseroient d'y courir
lorsqu'ils entendroient parler de les faire
agir : je voudrois enfin que l'on portât à
quatre sols cette gratification quotidienne,
pour ceux qui prendroient l'habitude de
monter au haut des mâts toutes les fois que
le besoin le requiert. Si on joint à cet encouragement un vêtement convenable &
suffisant, qu'on sache remarquer & punir
l'indolence ou la mauvaise volonté, on
pourra accoutumer le soldat le plus pares-
seux à une vie active & salutaire.

J'ai remarqué depuis long-temps que l'on
prodigue sans nécessité, dans la Marine
royale, la classe des hommes du peuple
qu'il est si essentiel de ménager ; tandis

que les jeunes gens nés dans la bourgeoisie ou la roture, de familles honnêtes, repouſſés des Etats-Majors, ne ſavent où ſe placer convenablement, parce qu'on n'a point établi de places mitoyennes, entre les équipages & les Etats-Majors, qui fuſſent à leur bienſéance.

Les Armateurs ont ſu en tirer, ſous le nom de Volontaires, un parti ſi avantageux ! C'eſt l'ardeur impétueuſe de cette bouillante jeuneſſe, qui ont fait les ſuccès de nos Corſaires Malouins dans les guerres paſſées ; c'eſt à cette école, & parmi ces jeunes audacieux, que s'éleva le fameux Dugué-Trouin, ſi digne de nos regtets, & aujourd'hui l'objet orgueilleux d'un ridicule mépris. J'ai penſé qu'il étoit temps que la Marine royale profitât de l'exemple que les Armateurs lui ont donné, & j'ai cru qu'on pouvoit, avec un avantage décidé, remplacer les matelots formés, qu'il faut économiſer, par un nombre proportionné à la grandeur des vaiſſeaux, de jeunes gens bien nés, bien élevés, pleins d'honneur, & dont de légeres diſtinctions, une perſpective brillante, des privileges, & des récompenſes données à propos, peuvent faire une pépiniere d'excellents ſujets. J'ai toujours obſervé que l'individu que l'honneur conduit, que l'émulation excite, s'acquitte de ſon devoir, a bien plus d'empreſſement & de zéle que le mercenaire, qui compte que ſa peine eſt

toujours bien au-deſſus du ſalaire dont on
le paie. Qu'on ne croie pas, non plus,
qu'en peuplant les vaiſſeaux d'une jeuneſſe
diſtinguée, mon intention ſoit d'augmenter, à bord, le nombre des inutiles, qui
n'eſt déjà que trop grand. Il eſt incroyable
combien l'équipage le plus nombreux, qui
ne l'eſt jamais trop au moment d'un combat, le devient peu, qnand *il* s'agit de
travailler. Les prétentions des gens de
métiers, & des canonniers, ſur cet article, ſont étonnantes ; tous refuſent à l'autorité du Maître, & ne veulent donner la
main que quand il eſt queſtion d'objets qui
les concernent. La néceſſité d'un bon réglement eſt ſentie de tous les Marins expérimentés ; mais perſonne n'a le courage
de l'entreprendre avant d'être certain que
l'autorité veuille l'appuyer. Je voudrois,
non-ſeulement, qu'on en fît un avec diſcernement & réflexion ; mais même qu'on
le commentât dans une eſpece de Catéchiſ-
me, qu'on diſtribueroit *gratis* aux ſoldats,
matelots & Officiers mariniers qui ſavent
lire, afin qu'ils connuſſent les obligations
de leur état, & les châtiments promis à
ceux qui s'en diſpenſent. Ce ſeroit par une
ſemblable inſtruction que je preſcrirois à
mes Volontaires (1) la maniere dont ils

---

(1) En outre du détail de la timonerie, ſignaux
ſondes, &c. ils feroient chargés ſeuls de la manœuvre
du mât d'artimon, & ils auroient toujours deux bat-

doivent s'occuper , pour n'être pas d'une
inutilité pénible aux autres , & donner , en
même temps l'exemple du travail & de
l'activité à la pareſſe , ſi empreſſée à choiſir,
dans les manœuvres baſſes , la place où il
ne faut employer que peu de force. Je
m'occuperai , peut-être , un jour d'un modele pour ces ſortes de réglements. En
attendant , paſſons à une autre branche de
la police intérieure.

On entaſſe , ſans diſtinction , les hommes de l'équipage le plus ou le moins nombreux dans les entre-ponts des vaiſſeaux
& frégates , ſans examiner s'il n'y ſont pas
trop reſſerrés , & s'il y circule un air ſuffiſant, pour renouveller ſans ceſſe , purifier
& rarefier celui que tant d'haleines chargent continuellement de vapeurs plus ou
moins mal-ſaines. Les exhalaiſons de la
ſueur , celle de l'ail , du tabac mâché , &
de l'humidité des hardes mouillées qui s'y
mêlent encore , augmentent la condenſité
mal-faiſante. La fumée des fours que l'on
bâtit actuellement , dans les entre-ponts ,

---

res au cabeſtan ſur les frégates , & trois ſur les vaiſſeaux , garnies par eux ; ils donneroient ainſi l'exemple à tout le monde d'un travail dont perſonne ne doit
être exempt : ce feroit parmi ces jeunes gens, inſtruits,
& formés , que l'on choiſiroit les Capitaines de priſes ;
& dans le cours de la campagne , les plus capables
pourroient , ſur un ſimple ordre du Capitaine , être
appellés à remplir les fonctions des Officiers morts dans
une affaire ou autrement.

a pu diminuer de beaucoup la malignité de l'air humide, mais elle le rend bien plus étouffant. On remédiera à tous ces inconvénients, si l'on suit le procédé que nous avons indiqué au Chapitre précédent, & si l'on apporte la plus ſcrupuleuſe attention à ne pas retrecir l'eſpace deſtiné à loger les équipages. L'entre-pont & la cale des frégates, le faux-pont des vaiſſeaux de lignes, ſont toujours encombrés de fatras, ſi je ne dis pas inutiles, du moins, d'une néceſſité bien éloignée. Les balots de foin, les bois du charpentier, les ſoutes trop grandes & trop multipliées des maîtres charges, fur-tout dans les frégates, ne tendent qu'à diminuer l'eſpace, dont le partage eſt encore fait avec trop d'inégalité. Pour s'oppoſer à cet abus, on devroit fixer, pour toute la campagne, par des numeros plaqués aux barrots, non-ſeulement la place que le hamac, pour deux hommes, doit occuper, les ſacs pendus au pied & à la tête, mais encore déterminer l'eſpace du poſte des Chirurgiens, du boulanger & des meſtraux; avoir foin fur-tout, de tenir toujours à bas-bord du grand panneau, une place libre & ſuffiſante pour y mettre les malades les plus affectés, & dans la cale des frégates, une platte-forme pour les bleſſés dans un combat.

Un autre abus, qu'il eſt encore très-néceſſaire de réformer, c'eſt cette effroyable quantité de vieux cordage que l'on eſt

dans l'ufage d'embarquer , & dont on fur-
charge les vaiffeaux , & fur-tout les frégates ; fous prétexte qu'on ne fauroit être
trop bien fourni de *garcettes de ris , de
tourne-vires , de badernes & de paillets ,
bitords* , &c. Les Maîtres ont grand foin
de tripler, quadrupler même la quantité,
que les réglemens prefcrivent, ce qui fait
un poids & un encombrement énorme, qui
qui rempliffant les efpaces trop petits deftinés à loger ces objets, ôtent encore aux
équipages les moins nombreux, la place
qu'ils devroient occuper, en les refferrant
dans les entre-ponts des frégates, gênent
la libre circulation de l'air, & deviennent
la caufe indirecte d'une quantité de maladies. Je fais que dans un voyage long &
pénible, où les frégates, fur-tout, font
toujours en activité, on fait une étonnante
confommation de ces objets ; mais n'y ga-
gneroit-on pas beaucoup d'efpace, de commodité, & d'avantage à les embarquer tous
faits. Les Marins les moins expérimentés,
favent que pour faire des garcettes, badernes, &c. avec du vieux cordage, il n'y
en a pas la moitié qui puiffe fervir ; c'eft
donc un poids inutile qu'il eft avantageux
de fupprimer. M. Bourdé de la Villuet a
déjà très-judicieufement remarqué, que l'on
avoit pouffé trop loin la précaution de four-
rer & garnir les manœuvres *dormantes* &
plufieurs des *courantes*. J'ajoute, à fa remarque, qu'au lieu de faire, aux Majors des

armées , un revenu des peaux de bœufs que l'on tue fur les vaisseaux de ligne & les frégates , on les employât à garnir les vergues , rides & autres endroits exposés à un grand frottement , ce qui procureroit , d'ailleurs , une grande diminution dans les poids fi élevés au-deffus du centre de gravité. On fe récriera , peut-être , fur l'augmentation de dépenfe que l'embarquement du vieux cordage évite par l'économie de la main-d'œuvre ; mais on verra, par la fuite , que le nombre des matelots affemblés dans les Ports , étant augmenté par mon fyftême , on les occuperoit de ce travail néceffaire , les jours que les mauvais temps dérobe à leurs inftructions , ou à des ouvrages extérieurs. Il ne faut pas oublier d'obferver que les réglemens qui déterminent la quantité de douzaines de garcettes , &c. font de beaucoup trop foibles , & que je ne prétends pas , en l'augmentant , fupprimer entiérement l'embarquement du vieux cordage , je ne veux qu'en diminuer , de beaucoup , la quantité, qui eft abufive , & dont les Infpecteurs fe plaignent généralement : il eft en effet ridicule de furcharger un vaiffeau , qui fert pour une campagne de fix mois , comme le font plufieurs vaiffeaux que l'on pourroit citer.

Une autre police qui n'eft pas moins utile d'établir, c'eft de marquer , à chaque plat, la place où il doit manger. Il eft d'ufage dans chaque vaiffeau qu'il n'y ait que les

Chirurgiens, les Maîtres, & les gens de la fainte-barbe, qui mangent entre les ponts ; l'Ordonnance même le preſcrit, mais elle n'eſt pas plus ſuivie à cet égard qu'à bien d'autres ; & dans le fait, elle eſt impraticable, pour peu qu'un équipage ſoit nombreux. Je voudrois donc qu'ayant exa-miné la place que chaque plat de ſept, huit, ou neuf hommes occupent pour manger, on calculât la ſurface d'un vaiſſeau dont on peut diſpoſer, ſur les gaillards, les paſſavants, le pont, & même l'entre-pont des vaiſſeaux de guerre ; qu'on aſſignât à chaque plat celle qu'il doit occuper au mo-ment du repas ; & qu'une demi-heure après, l'Officier chargé de faire la ronde, ou d'é-couter le rapport de celui qui la fait, pu-nît avec ſévérité les hommes du plat qui n'auroient pas nétoyé avec la plus exacte propreté l'endroit où ils ont mangé. Les Anglais ſont là-deſſus d'un exemple à ſuivre ; la propreté de leurs vaiſſeaux m'a toujours fait plaiſir à voir.

Ils ont un bon uſage que nous devrions adopter : c'eſt un canal de plomb qui s'a-dapte aux pompes, huit ou dix pouces au-deſſus du tillac, & qui va directement à bord ſortir avec un peu de ſaillie. Ce con-duit eſt enveloppé de deux jumelles de ſa-pin arrondies, il peut s'ôter & ſe mettre à volonté ; il empêche de ſentir l'odeur déſagréable & mal ſaine d'une eau fétide qui s'eſt corrompue dans le fond de cale,

N 2

& que nous avons la pernicieuſe habitude
de laiſſer repandre ſur le pont pour s'écou-
ler par les dalots. Tous ces inconvénients,
légers en apparence, on ſouvent les ſuites
les plus ſérieuſes : je le répete, il n'y a que
les ſoins de la propreté (1) qui puiſſe aider
à la ſalubrité de l'air que l'on reſpire à
bord. Il eſt ſur-tout néceſſaire, dans un
beau temps, de le renouveller ſouvent, &
d'en introduire dans l'intérieur par les *manches, entonnoirs ou ventouſes*. La matiere de
ce Chapitre , déjà trop long & trop ennuyeux peut-être , ſeroit inépuiſable, ſi je
voulois entrer dans tous les détails des
ſoins qu'il convient de ſe donner pour conſerver la ſanté des hommes de mer ; l'importance de l'objet peut ſeul faire excuſer
tout ce qui paroîtra dans celui-ci de trop
minutieux.

---

(1) *Note de l'Editeur.* Ceci étoit écrit avant qu'on
eût connoiſſance du Réglement ſur la propreté, publié
dans le mois de Janvier 1780 , par ordre de M. de
Sartine ; il eſt rempli de bonnes choſes , mais il y en
a d'impraticables : on voit que celui à qui on l'attribue
n'a pas navigué

CHAPITRE V.

De la nécessité de donner un uniforme aux Matelots, avantages qui en résulteroient dans le service ; de leur casernement dans les Ports ; distinctions dans l'uniforme, suivant les différents grades & métiers.

PEndant plus de vingt ans que j'ai navigué sous les différents climats de l'Asie, de l'Afrique & de l'Amérique, persuadé, par tout'ce que j'ai vu que la propreté est un des moyens les plus sûrs de conserver la santé des hommes de mer, je ne cesse de former des vœux sincères pour que le Gouvernement s'occupe de tout ce qui peut contribuer à rendre habituelle au matelot cette propreté si salutaire, & à ôter même à l'homme vicieux la malheureuse facilité qu'il a de se défaire de ses hardes.

Après de longues & de mûres réflexions, après avoir examiné tous les moyens possibles, je me suis arrêté au seul qui m'ait paru convenable : il faut donner une uniforme au matelot ; c'est l'unique maniere de le tenir bien vêtu, de faciliter le service, de maintenir une discipline exacte,

& de faire germer cet esprit d'émulation pour qui rien n'est impossible. Plus j'y pense, & plus j'y rencontre d'avantage. La facilité de distinguer l'espece qui jette dans le service une admirable commodité, la promptitude des reversements & des remplacements, une formation plus aisée, suivie d'une meilleure instruction, enfin, mille institutions utiles qui toutes viennent concourir au bien du service ; plus je les envisage, & plus je suis étonné qu'elles ne l'aient pas plutôt emporté sur une misérable routine remplie d'inconvénients, tant il est vrai qu'une nouveauté utile a dé la peine à vaincre les préjugés qui s'opposent à son établissement. D'ailleurs on craint la dépense, elle est cependant bien modique ; tout dépend de la maniere de s'y prendre. Il faut que le matelot soit vêtu, cela est incontestable ; n'est-il pas vrai aussi, qu'il lui importe peu que la veste, d'un drap grossier, soit bleue, rouge, ou brune, pourvu qu'il soit bon : il le paie de sa bourse ; les plus sages en ont jusqu'à deux & trois pour changer, à la fin d'un quart pendant lequel ils ont été mouillés. Quel surcroît de dépenses leur causera-t-on en les obligeant à l'avoir bleu ? Qu'on fasse estimer sous les yeux du matelot, même sa veste ou paltcault (pour me servir de ses termes,) son gilet & sa culotte : je suppose que cet habillement neuf lui ait coûté un louis, mettons dix écus même ; qu'on en imagine,

(131)

si l'on veut, un neuf & un autre à demi-
usé, & qu'on fasse monter leur valeur à 45
liv. si le vêtement que je vais proposer monte
au-delà de cette somme, que le Roi paie
l'excédent, qu'il fasse les avances du tout,
& qu'il ne soit fait retenue que de la valeur
dont on aura prisé les hardes dont je le suppose fourni, sans que cette valeur puisse être
moindre ni plus grande que 40 à 45 liv.

L'habillement d'un matelot consiste assez
ordinairement en un habit ou palteault, une
veste, un gilet & deux culottes : si le tout
lui a coûté neuf, 40 à 50 liv. il en trouvera, suivant l'état où seront ces hardes, la
moitié, le tiers ou le quart du prix qu'elles
lui auront coûté. Ceux qui ne voudront pas
s'en défaire pourront les renvoyer chez eux ;
elles leur serviront dans les navires des
Marchands. Je vais maintenant décrire un
uniforme tel que je pense qu'il convient de
le leur donner.

Il faut à chaque matelot, Officier-Marinier, mousse, ou autre, un habit-veste de
drap bleu assez long pour descendre jusqu'à la moitié des cuisses, clos par der-
riere, avec un seul pli sur le côté ; il aura
des revers de même couleur pour croiser
sur la poitrine, un parement, fendu sur le
dessus, de drap rouge, & des boutons jaunes massifs, marqués d'un ancre ; cet habit-
veste sera doublé d'une serge bleue, le dos
& les manches d'une flanelle blanche pour
l'hiver, & d'une toile crue pour l'été.

Sous cet habit, un gilet fans manche, dont les devants croifés feront d'un drap rouge, fans doublure, & le dos de ferge croifée bleue.

Une culotte de drap bleu, doublée d'une forte toile par-deffus.

Une ample culotte qui defcendra jufqu'au gras de jambe, d'une toile bleue ferrée, femblable au coutil.

Pour l'été, un gilet dont le devant d'une feule piece, boutonnant fur le côté, de durance, calemande ou camelot rouge, le dos & la doublure en toile.

Un bonnet fait de retailles de drap, comme ceux de l'Infanterie.

Enfin, un chapeau de feutre bien épais en forme ronde, de cône tronqué, peu élevé & fuffifamment creux, & un bord horifontal de trois doigts de large.

Cet habillement complet, tel que je viens de le détailler, ne coûteroit au Roi, j'en fuis fûr, d'après un calcul que j'ai fait exprès, que 50 à 55 liv. fuppofons 60 liv.

Je voudrois, en outre, qu'on obligeât chaque matelot à fe préfenter au département avec deux chemifes de toile de lin, & quatre de cotonnade bleue; fix paires de bas, dont deux au moins de laine, & quatre de fil ou coton; un bonnet de laine, un couple au moins de gilets fans manches, de bafin, coutil, ou nankin blanc ou jaune; trois ou quatre calçons cours, d'une toile forte & ferrée; enfin, trois paires de fouliers. Toutes ces hardes feroient dans un fac de cuir verd, femblable à ceux des foldats ; & le matelot de levée qui feroit mandé au département, feroit obligé de faire fa route fans quitter fon havrefac.

Pour remédier aux maux que leur caufent ces gîtes, dont j'ai fait fentir plus haut tout le danger, les fouftraire à l'avidité de ces hôteffes qui les rançonnent, en pareffant leur rendre fervice ; il faudroit leur bâtir dans les Ports de vaftes corps de caferne ; on en a plus que jamais fenti le befoin au retour de la grande armée combinée. L'utilité en eft même reconnue depuis long-temps, puifqu'on a commencé à en bâtir une à Recouvrance, que les circonftances n'ont pas laiffé le temps d'achever. Ce bâtiment, connu fous le nom de *la Cayenne*, n'a que deux aîles, & fa fituation n'a pas permis de l'élever affez pour qu'il pût fuffire à loger à l'aife au moins fix mille hommes. Il en faut donc abfolument une autre. Je vois, avec regret, les Capucins occuper un emplacement qui feroit très-avantageux pour affeoir un fecond corps de caferne ; il feroit au centre de tout, près des conftructions, des baffins, des forges, de l'artillerie, & de tous les autres atteliers, dans le meilleur air. Il eft inoui qu'on ait refpecté fi long-temps une pareille propriété (1).

____

(1) Il eft certain que le Roi peut leur donner ailleurs le triple ou le quadruple du terrein qu'ils occupent ;

Ces levées , arrivées de toutes les côtes de France dans les Ports où on les aſſemble , logeroient dans ces caſernes. Une garde nombreuſe y maintiendroit le bon ordre ; ils y vivroient par chambrée comme à bord par plat ; un Commiſſaire , logé auprès , feroit la revue de leurs hardes à l'inſtant, de leur arrivée , & prendroit note de ce qui leur manqueroit pour les obliger à s'en fournir ; il leur feroit diſtribuer à chacun un hamac & une couverture , qu'ils ſuſpendroient dans ces chambres peu élevées d'étage , & toutes diſpoſées enſuite. On leur laiſſeroit pour cela , ſuivant la longueur de lenrs routes , deux ou trois jours de repos avant de les conduire à l'ouvrage.

A la revue qui fixeroit leur deſtination, au lieu de trois ou quatre mois d'avance qu'on eſt dans l'uſage de leur donner, ils n'en recevroient qu'un ou deux ſeulement, pour ſe procurer quelques douceurs (1) ; &

Recouvrance , & prendre , ſans ſcrupule , une ſituation unique devenue ſi précieuſe ; d'ailleurs , Breſt peut s'en paſſer.

(1) Il faut même leur en donner. N'eſt-il pas criant , affreux, abominable, que , malgré les vives repréſentations des trois Ports , malgré les cris de l'humanité & de la juſtice , qui plaident ſi haut en leur faveur, on n'ait pas pu leur obtenir le privilege de ne payer le tabac que ſur le taux de l'Infanterie ? Quelle inconſéquence abſurde ! Quoi ! on le donne à très-bas prix au ſoldat, qui peut à toute force s'en paſſer, & on le fait payer bien cher au matelot, pour qui ſon uſage quotidien eſt ſalutaire ! Les cris des Fermiers on trop ſouvent arrêté les bonnes intentions du Gouvernement.

on retiendroit cet argent, qui ne profite gueres qu'en mains des plus fages, pour leur fournir encore fur cette maffe les habits de fatigue fuivants :

Un long gilet croifé, de drap bleu, avec boutons jaunes à l'ancre, doublé de ferge bleue, le parement fendu fur le côté.

Un calçon court, en forme de culotte, d'une forte étoffe, pour l'hiver.

Deux grandes culottes d'une toile ferrée bleue, femblable à celle de leur cotillon : on diftribueroit en outre, pour les jours d'un travail plus fale que pénible, comme lorfqu'ils grattent, peignent ou goudronnent le vaiffeau & fes agrêts, un large & long gilet croifé de toile de rondefette, avec des boutons de cornes, & une longue culotte femblable. Tout cela feroit renfermé dans un fac de toile, numéroté & marqué de deux ou trois lettres (1).

De toutes ces nouvelles hardes, le fac, le gilet, & la grande culotte de toile, feroient donnés par le Roi, *gratis*; le refte feroit rembourfable fur la folde du matelot; ce qui feroit encore pour lui un objet de vingt francs (2).

. (1) Il porteroit le numéro de l'homme auquel il apparciendroit, la marque du grade qu'il occupe, avec le nom du vaiffeau.

. (2) Il faudroit encore les obliger, pour la navigation des hivers & des climats froids, à fe pourvoir de ces cafaques de bure à long poil, que les Provençaux nomment *cabans*, & que le Roi en eût des magafins fournis dans tous fes Ports, fans oublier auffi des bottes.

Examinons maintenant dans quelle dépenſe ces fournitures jetteroient le matelot
& le Gouvernement. Nous avons dit que
cet habit complet coûteroit à - peu - près
ſoixante francs , & que ſur cette ſomme on
feroit une retenue de 35 à 40 liv. valeur
eſtimée des hardes dont oñ le ſuppoſe muni, en place de celles qu'on lui fonrnit ;
c'eſt-à-dire , que ſon vêtement , tel qu'il
fût , lui repréſenteroit toujours au moins
35 & au plus 40 liv. reſte donc environ
20 à 25 liv. pour le compte du Roi ; le
ſac , le gilet , la culotte de toile lui en
coûteroient encore à-peu-près 12 ; ce ſeroit
donc en tout une dépenſe de 37 à 40 liv.
par homme ; mais combien gagneroit-il par
la conſervation de l'eſpece ? Cet avantage
eſt bien d'un autre prix ! Quant au matelot , il lui en coûteroit , à la vérité, vingt
écus pour être bien vêtu d'un uniforme aiſé
& commode, pour être proprement & bien
chaudement couvert. Cette ſomme eſt un
peu forte, je l'avoue , pour une ſi petite
ſolde. Il ſe préſente un moyen de lui faire
faire cette dépenſe ſans qu'il s'en apper-
çoive , pour ainſi dire ; le voici. A meſure
qu'un matelot arrive d'un voyage ſur un
bâtiment du commerce où il a de forts ga-
ges & une groſſe ſomme à toucher, il faut
qu'un ordre du Miniſtre contraigne ſon
Armateur à lui faire la retenue, pour une
fois ſeulement , de la ſomme de 60 liv.
qu'elle ſoit verſée enſuite dans une caiſſe

particuliere deftinée à cet ufage, qui fera
facrée, & dans laquelle on ne puifera que
lorfqu'il fera queltion de l'habiller pour
l'envoyer au fervice. On tiendra un regiftre exact de tous ceux qui auront fourni à
la maffe, afin que l'un ne foit pas vêtu aux
dépens de l'autre. Le Commiffaire des Claffes de fon département, conjointement
avec l'Officier Commandant, dont je parlerai bientôt, & le Syndic des Claffes de
la réfidence du matelot, s'il n'eft pas du
chef-lieu ou des environs, en auront chacun
une clef; elle ne s'ouvrira qu'en préfence
de ces deux perfonnes. Ils feront venir des
étoffes de la manufacture, qu'ils tiendront
dans un magafin choifi à cet effet, & qui ne
fera ouvert qu'en leur préfence. Lorfque la
Cour aura commandé des levées, le Commiffaire & l'Officier Commandant feront
venir, en leur préfence, les matelots qui
doivent la compofer : on délivrera à ceux
d'entre eux qui auront fourni à la maffe,
l'habit uniforme complet, avec les fournitures, dont nous avons donné le détail :
on coupera, fous les yeux de tous, les
étoffes, doublures, toiles, &c. que nous
avons fixé pour l'habillement d'un feul,
avec les galons de laine qui feront, comme on le verra bientôt, les marques diftinctives de leurs grades ou qualités : on
leur accordera enfuite quinze jours à chacun pour faire faire leur uniforme. Ce temps
écoulé, ils feront tenus de venir fe préfen-

ter tous enfemble , fous ce nouveau vêtement , pour paffer la revue , & faire inf-
pecter fi les facs qu'on leur aura fournis ,
en même-temps , font complets. On fixera
le jour du départ, en leur payant la conduite. Ceux d'entr'eux qui n'auront pas
encore fourni leur taxe à la maffe , ne recevront qu'au département les hardes que
l'on y diftribue. Bientôt le defir d'être
auffi bien mis que les autres , leur infpirera
l'émulation de la folder promptement. On
verra les novices s'appliquer à ménager
foigneufement de quoi fe procurer promptement l'uniforme. Par ce moyen , fimple
& ftimulant , on auroit des hommes bien
vêtus , & il en coûteroit au Roi peu de
chofe au-delà des avances. Pour épuifer
cette matiere , je vais encore parler d'un
autre établiffement utile ; cette taxe-ci
n'ayant lieu qu'une feule fois pour chaque
homme (1) , j'en voudrois établir une
autre permanente : ce feroit de faire pré-
lever fur les campagnes , à payer par les
Armateurs aux marins d'un même département , un impôt de deux pour cent, pour
faire une autre maffe en faveur des invalides, des veuves & des orphelins de ce
même département. La moitié du produit

____

(1) Parce qu'étant une fois vêtu fuivant ce coftume ,
ce feroit à lui à s'en fournir toutes les fois qu'il feroit
appellé au fervice du Roi ; & cet entretien ne lui coûteroit pas plus qu'un autre.

de la taxe impolée lur les lemeltriers leroit employé à augmenter cette malle, &
l'autre moitié leroit verlé dans la caille du
vêtement pour faire face aux non valeurs,
& lervir aux paiements des gratifications,
en dédommagement pour la perte des hardes.

Telles leroient, à mon avis, les voies
faciles & commodes à employer pour éviter tous les maux qui ne lont que trop lou-
vent la luite de la milere & du libertinage
où le plonge le matelot. Qu'on ne vienne
pas me dire que je les force à avoir une
trop grande quantité de hardes; il n'y en
a pas un leul, lage & propre, qui n'en
ait au moins un tiers de plus : on n'a pas
dû croire, par la même railon, qu'en fixant
cette quantité, j'entendois qu'il ne falloit
pas leur permettre de la paller. Au contraire, pourvu qu'à cet égard la com-
plailance ne dégénere pas en abus, on
pourroit lailler à l'homme qu'un voyage
heureux, une circonltance particuliere ont
mis à l'aile, quelques fantailies peu cheres.
Si un combat les privoit de leurs hardes,
une gratification répareroit cette perte.

Pour leur procurer encore la faculté de
remplacer celles qu'une campagne trop longue a ulées, & que le peu de loin ou quelqu'événement imprévu ont fait perdre, il
leroit à propos qu'on embarquât quelques
ballots de chemiles de lin & de cotonnade,
de bonnets, de bas de laine & de fil, de
calçons d'étoffe & de toile, de culottes

longues de toile , de coutil & de rondelet-
tes, quelques pieces de drap bleu & rouge, de ferge bleue , des boutons uniffor-
mes, des pieces de toile de doublure, &
des chapeaux. Il faudroit encore comprendre dans les levées quelques garçons tail-
leurs , & les répartir fur chaque vaiffeau,
où ils feroient d'une grande utilité. Une légere retenue fur la folde du matelot fervi-
roit aux frais du même entretien de fes
hardes. Pour avoir cet établiffement, on
voit qu'il ne faut que vouloir en faire les
avances. Hâtons-nous de fortir de ces détails minutieux & néceffaires , pour paffer
aux marques qui vont fervir à diftinguer le
matelot du gabier ; celui-ci, du novice ;
l'homme de métier , de l'Officier-Marinier.
Ces diftinctions faciles font un des plus
précieux avantages que procure l'uniforme.

Le Maître d'équipage, dont l'habit-vefte
feroit un peu plus long que celui d'un fimple matelot , porteroit pour marques diftinctives , en forme d'épaulettes, deux bandes
de drap jaunes terminées en treffle, & bordées d'un galon d'or de trois lignes. Le fecond Maître n'en auroit qu'une ; ils auroient, en outre , le parement écarlate
bordé d'un galon d'or, de huit lignes pour
le premier , & de quatre lignes pour le fecond. Sous cet habit, & par-deffous fa vefte
de drap écarlate, depuis les épaules , tom-
beroit une efpece de camail en pointe de
drap jaune , auffi bordé d'un galon d'or de
fix

(141)

fix lignes. Sur la pointe qui feroit un peu plus baffe que le creux de l'eftomac, feroit fixée une plaque ovale de cuivre fur-doré, portant l'écuffon des armes de France en argent, comme il eft fur les hauffe-cols des Officiers, au bas de laquelle, à un petit anneau foudé, feroit attachée la chaîne de fon fiflet. Le fecond Maître & les Contre-Maîtres auroient auffi la même décoration, avec cette différence qu'elle feroit, pour le premier, bordée d'un galon d'or de trois lignes ; & pour les feconds, d'un galon de laine blanche. La plaque de ces derniers feroit auffi plus petite, & n'auroit qu'une feule fleur de lys en argent, en place de l'écuffon des premiers. Pour mieux diftinguer les Contre-Maîtres, ils auroient auffi des épaulettes de drap jaune, terminées en treffle fans galon d'or, les premiers en porteroient deux, & les feconds une feule.

Les Boffemans porteroient l'un fur l'autre deux chevrons jaunes fur la manche, à l'avant-bras du côté droit, en cette forme ( ).

Enfin, les Quartier - Maîtres auroient tous deux galons de laine jaune, l'un fur l'autre, un doigt au-deffus du parement.

Les Maître-Canonniers feroient diftingués par deux bandes d'écarlate en forme d'épaulette, fans franges, terminées par un treffle, & bordées d'un petit galon d'or de trois lignes ; les feconds n'en auroient qu'une.

O

Les Aide-Conniers auroient d'abord une losange rouge percé de bleu, cousue debout en cette forme (∧∨) sur la manche droite à l'avant-bras, & sur l'épaule gauche, une languette de drap écarlate comme l'épaulette des soldats, pour arrêter un baudrier de cuir jaune où seroit suspendu le poulevrin.

Le matelot-canonnier auroit un galon rouge, deux doigts au-dessus du parement droit, & une languette de drap bleu, doublée en rouge, sur l'épaule gauche. Pour les gens de métier, voici quelles seroient les marques dinstinctives.

Le maître-calfat porteroit aussi en forme d'épaulette deux bandes d'écarlate losangées de bleu ; le second n'en auroit qu'une seule ; les aide-calfats auroient sur la manche gauche, à l'avant-bras, une losange cousue obliquement, de couleur rouge percée de bleu ; enfin, les matelots-calfats auroient un galon, rouge losangé de bleu, deux doigts au-dessus du parement gauche.

Les charpentiers & voiliers seroient distingués de la même maniere, à cette différence, que la couleur des premiers seroit le jaune losangé de bleu ; & pour les seconds, le bleu bordé de jaune & losangé de rouge : en général, les gens de métier seroient reconnus par des bandes aux épaules ; pour les maîtres, les aides, une losange oblique aux avant-bras gauches ; & les matelots, un galon au-dessus du parement gauche; les armuriers auroient un croiſſant écarlate au bras gauche; les boulangers, une étoile blanche; les tonneliers, un croiſſant verd; les bouchers, une loſange plein-cramoiſi, couſue en travers; le tailleur, un croiſſant renverſé, bleu ciel; & le frater, une bande oblique blanche à la même place.

Les gabiers, une loſange jaune percée de bleu, couſue en travers ainſi (<>) au-deſſus du parement droit; les *nantilants* (1), un triangle iſocelle même couleur percé de bleu à la même place; & les matelots, une hermine pleine, de même couleur, & auſſi à la même place. Les novices n'auroient aucune marque diſtinctive.

Telle ſeroit la commodité de ces marques, tant variées qu'elles ſoient, qu'au premier coup d'œil on diſtingueroit un matelot d'un canonnier, celui-ci d'un ouvrier, ce dernier d'un novice.

Qu'il me ſoit permis d'ajouter encore un mot pour propoſer d'établir, par-deſſus tous ces ſignes particuliers, un ſignal de ralliement, c'eſt-à-dire, un moyen de faire reconnoître tous les hommes d'un même vaiſſeau; qui pût ſuppléer au colet que je donne aux Officiers; voici celui que j'imagine. Tous les gens de l'équipage, les volontaires exceptés, porteroient, au-devant de la forme du chapeau, une plaque courbe de cuivre, ſur laquelle ſeroit ſoudé, en étain

____

(1) On verra bientôt ce que j'entends par ce mot.

fin, le numéro du vaisseau ; c'est-à-dire, que si le *Valeureux*, de soixante-quatorze, par exemple, étoit le seizieme de sa Classe, la plaque porteroit ce numéro de cette maniere ⁎ 16 ⁎

On leur délivreroit *gratis* ce médaillon à la revue de leur destination ; & on le leur feroit rendre au désarmement. Pour les frégates, la plaque seroit d'étain, & le numéro en cuivre.

Il seroit encore aisé de désigner, par sa forme de quelle classe seroit le vaisseau, à peu près comme il suit : elle seroit ovale, pour un vaisseau de soixante-quatre ; sexagone, pour un vaisseau de soixante-quatorze ; en losange, pour un vaisseau de quatre-vingt ; & ronde, surmontée d'une couronne, pour un vaisseau à trois ponts : il en seroit ainsi à peu près des frégates.

Je voudrois enfin qu'on poussât l'exactitude jusqu'à distinguer, à la vue, par le moyen d'une marque mobile la division des équipages pour le quart ; cette marque qu'on prendroit & quitteroit à volonté, serviroit à démêler, au premier coup d'œil, les gens qu'on nomme *Babordais*, de ceux qu'on appelle *Tribordais*, & contribueroit encore à faciliter la promptitude du service.

Enfin, les volontaires auroient pour uniforme un habit bleu, veste & culotte écarlatte, boutons à l'ancre, le collet comme l'Etat-Major, & une aiguillette moitié poil de chevre, écarlate, & moitié en or.

C'eſt ainſi que l'uniformité introduite dans
le vêtement de l'homme de mer, contribueroit à maintenir le bon ordre, & la diſci-
cipline la plus exacte ; dans les occaſions
où l'ivrognerie & la débauche les pouſſent
à faire du tapage, leurs Officiers les diſtin-
gueroient aiſément dans la foule, où leur
préſence viendroit en impoſer, & arrêter
le tumulte & les ſuites des querelles de rivalité ; enfin, dans toutes les occaſions où il
ſeroit néceſſaire de faire connoître & reſpecter leur autorité. On va voir dans le
Chapitre ſuivant, les diſpoſitions pour le
combat, & la formation des équipages.

CHAPITRE VI.

De la formation de l'équipage d'un Vaisseau de soixante-quatre canons, & de la distribution des postes pour le combat.

IL est temps d'expliquer ce que j'entends, par la formation de l'équipage d'un vaisseau : c'est choisir, dans les différentes Classes d'hommes qui doivent le composer, la quantité suffisante à sa grandeur & à sa force ; & cette quantité une fois déterminée, employer ces hommes, suivant leur talent, leur force, leur intelligence, & leur agilité. Dans tous les vaisseaux de ligne, les équipages sont composés de canonniers, de soldats, de matelots, de mousses, & de gens de différents métiers. Tous ces hommes doivent, plus ou moins, s'entendre aux manœuvres ; la discipline, par la crainte des châtiments & l'espoir des récompenses, doit les contraindre, ou les engager à s'y adonner : je vais prendre pour exemple un vaisseau de soixante-quatre, & déterminer, d'après mes lumieres, la quantité d'hommes que je crois nécessaire pour le bien armer.

On a vu que je place, sur les vaisseaux

de cette claſſe, douze Officiers, non compris ceux à la ſuite : Le Chirurgien & l'Aumônier font en tout quatorze perſonnes
d'Etat-Major ; ce nombre me paroît ſuffiſant : c'eſt la bonne qualité, & non pas la
quantité qu'il importe de ſe procurer.

J'admets enſuite trente volontaires. On a
vu au Chapitre quatrieme, d'où je tire ces
volontaires, on verra à celui des Claſſes,
à quelle ſin je les établis, & l'emploi que
j'en veux faire.

Un Secrétaire qui fera tour-à-tour les
écritures des Officiers chargés de différents détails ; & pour qu'il puiſſe facilement
y ſuffire, ces MM. prendront différentes
époques pour porter dans chaque mois la
conſommation de leurs détails ; il fera tous
les rôles, &c.

Un Pilote-côtier qui poſſédera bien la
connoiſſance de toutes nos côtes & de leurs
dangers : il ſera tiré de ces Maîtres & Patrons de barques qui font ſans ceſſe le cabotage.

J'y place encore treize Officiers-Mariniers de manœuvres, comme il ſuit : un
Maître d'équipage, un Second, deux Contre-Maîtres, deux Boſſemants, & ſept
Quartier-Maîtres, parmi leſquels on choi-
ſira un Patron de chaloupe, deux Patrons
de grand & de petit canot.

Un Capitaine d'armes, dont la fonction
principale ſera d'être chargé de toutes les
armes qu'on embarque ; deux armuriers
pour avoir ſoin de les tenir en état.

Quatre Maîtres-Canonniers ; deux premiers & deux seconds ; le plus ancien aura la préséance, & sera chargé.

Trente-trois Aide-Canonniers, Chefs de piece y compris ; un Gardien de sainte-barbe, qu'on choisit ordinairement le plus vieux & le plus sage ; tous seront réputés pour avoir un courage de sang froid.

Aussi trente-deux Matelots-Canonniers-Chargeurs, autant qu'il y a de canons d'un seul bord, ce n'est pas trop ; tous gens vifs, alertes, intrépides, instruits, & en état de remplacer le Chef.

Douze Officiers-Mariniers de métiers : c'est-à-dire, un Contre-Maître Charpentiers, un second, & deux aides ; autant dans les Calfats & les Voiliers.

Dix-sept Matelots de métiers, dont quatre Charpentiers, quatre Calfats, quatre Voiliers ; un Tonnelier, deux Boulangers, un Tailleur & un Frater.

Huit personnes au poste : savoir, deux seconds Chirurgiens, deux Aides, un Apothicaire, & trois Infirmiers choisis parmi les Matelots les plus vieux, les plus sages, & les plus soigneux.

Sept personnes placées à la dépense, pour le Munitionnaire : savoir, un Commis, deux Maître-Valets, un Tonnelier, un Boucher, & deux Boulangers.

Treize Valets : savoir, un Maître d'hôtel, deux Cuisiniers, un Marmiton, & un Domestique pour chaque Officier.

Seize

Seize Gabiers ; on connoît le parti que l'on tire de cette espece d'hommes. En diminuant le nombre des Officiers-Mariniers, mon intention est qu'on augmente à ces gens-ci la solde & la considération, en leur donnant une certaine autorité sur les matelots des Classes, & en les chargeant de former & d'instruire chacun un Novice qu'on attacheroit à leur suite, & qui leur seroit subordonné.

Trente-six Matelots d'élites ou, *Nautilans* ; j'appelle ainsi des Matelots à haute paye, déjà instruits à la manœuvre & au travail du grément, par plusieurs campagnes, & dans lesquels on reconnoîtroit de l'activité & de la vigilence.

Cent cinquante Soldats y compris, si c'est un détachement fourni par un régiment d'Infanterie, les Officiers, Bas-Officiers, Tambours, &c.

Deux Gardiens, un de la fosse aux *lions*, & l'autre de la fosse aux cables. Ces hommes sontordinairement tirés des Matelots vieillis, sans avoir monté en grades.

Cent six Matelots des classes, payés en proportion de leur mérite & des voyages qu'ils ont faits au service.

Cinquante Novices, reçus depuis l'âge de seize ans jusqu'à celui de vingt ; habitués à la mer, & d'une constitution saine & robuste, pour résister à la fatigue.

Enfin, trente-quatre Mousses, tous enfants, depuis dix jusqu'à quinze ans, que

P

l'on élevra, en leur montrant la manœuvre & le grément, & en les exerçant à monter au haut des mâts. Ce qui forme un total de cinq cents quatre-vingt hommes.

Si, maintenant, on veut avoir la patience de me suivre, dans les détails de la disposition pour le combat, on va voir comme je les distribue aux différents postes du vaisseau (1).

A la premiere Batterie de treize canons de vingt-quatre.

Le premier des Adjudants en arriere.
Le premier des Lieutenants au milieu. } 3
Le premier des Enseignes en avant.

____

(1) Ce seroit ici le lieu de parler de la disposition d'un rôle d'abordage. Cette maniere de combattre, qui met dans tout son feu la vivacité française, & dont les Jean Bart, les Dugué & les Forbin, ont tiré un si grand parti, qui a rendu les flibustiers mêmes si redoutables, semble absolument ignorée dans cette guerre, de presque toutes nos frégates qui se sont battues avec une valeur héroïque ; une seule, *la Nymphe*, l'a tentée, mais elle étoit déjà trop affoiblie par une mousqueterie très meurtriere. Pour aborder avec avantage, il faut avoir la supériorité du feu, il faut ensuite y avoir disposé son équipage ; il faut avoir formé des compagnies d'abordage de gens renommés, & choisir parmi les plus intrépides, les plus alertes & les plus résolus, de trente à quarante hommes chacune, avec cette dénomination de premiere, seconde & troisieme compagnie, &c. & toutes composées de volontaires, de soldats, de canonniers & de matelots ; nommer des Officiers pour les conduire ; les distinguer par des cocardes, afin qu'au premier ordre tous ces gens quittent ensemble leurs postes respectifs, & se réunissent pour sauter à bord.

De ces trois Officiers, celui du milieu commandera la batterie, il aura cinq pieces fous fon commandement, chacun des deux autres en aura quatre.

Le premier des Maîtres Ca-
nonniers . . . . } 2
Le premier des feconds . . }

Ces deux hommes feront placés dans les intervalles des Officiers, & ils fe porteront où leur préfence paroîtra plus néceffaire dans l'étendue de la batterie. Enfuite,

Treize Aides-Canonniers, chefs
de piece . . . . }
Autant de Matelots canonniers } 26
chargeurs. . . . . }

Huit hommes par piece, pris
dans les gens de métiers, les
Novices & les Matelots, les } 104
plus vieux & les plus murs
des claffes. . . . . }

Trois Soldats du détachement }
par piece. . . . . } 39

Mouffes, porteurs de gargouffes. 13

Ambulants fur les batteries pour
le tranfport des bleffés 4

Total . . . . . 191 h.

Seconde Batterie de quatorze canons de douze.

Le fecond des Adjudants en arriere . }
Le fecond des Lieutenants au milieu . } 3
Le premier des Garde-Marines en }
avant. . . . . }

Le fecond Maître Canonnier. . . . } 2
Le fecond *idem*, furnuméraire. . .

Quatorze Aides-Canonniers, chefs
  de piece. . . . . } 28
Autant de Matelots - Canonniers-
  Chargeurs. . . . .

Trois hommes par piece, pris dans
  les gens de métiers, les Novices
  & les Matelots des claffes, fai- } 42
  fant enfemble. . . . .

Deux foldats par piece. 28
Mouffes porteurs de gargouffes. . 14
Ambulants pour les bleffés 4

Total. . . .   121 h.

Gaillard d'arriere.

Le Capitaine . . . . }
Le Major . . . . } 3
Le fecond Garde-Marine . . . . . . }

Le Maître d'équipage.   1

Le premier pilote au timon . . . . }
Le fecond à veiller aux fignaux. . } 2

Les Aides-Pilotes à les exécuter. .   4

Timoniers à la barre.   2

Le Capitaine d'armes à veiller aux
  pieces . . . .

Trois Aide-Canonniers , chefs de
pièce. . . . .
Autant de Matelots-Canonniers-   } 6
Chargeurs. . . . .

Trois hommes par canons , choifis
dans la jeuneffe la plus alerte &
la plus agile des matelots pour   } 9
fervir , en cas de befoin , à la
manœuvre & au canon . . . . .

Mouffes , porteurs de gargouffes. .   3

Efcouade de Volontaires pour la   } 10
manœuvre & la moufqueterie. .

Aux bras & aux autres manœuvres ,
un Contre-Maître , un Bofinan ,
deux Quartiers-Maîtres , & qua-   } 18
torze Nautilans . . . .

Total . . . 59 h.

Gaillard d'avant.

Le Lieutenant-Capitaine. . . . . . .
Le fecond des Enfeignes. . . . . . .   } 2

Le fecond Maître , un Contre-Maî-
tre. . . . .
Un Bofman , deux Quartiers-Maî-   } 21
tres . . . .
Deux Gabiers de beaupré , quatorze
Nautilans . . . .

Deux Aides-Canonniers, chefs de
piece . . . .
Deux Matelots-Canonniers-Chargeurs . . . . } 6
Deux Mousses , porteurs de gargousses . . . .

Trois hommes par piece , choisis
dans les Matelots les plus inftruits & les plus alertes après } 6
les Nautilans . . . .

Total . . . ‾3‾5‾ ‾li‾.

Sur la Dunette.

Au pavillon , le troisieme Garde-
Marine 1

Pour la manœuvre , un Quartier-
Maître 1

Avec huit Nautilans & Matelots. . 8

Soldats pour la mousqueterie . . . 50

Total . . . ‾6‾0‾ ‾h‾.

Sur le Passavant.

Une escouade de volontaires . . . 10

Soldats du détachement 18

Total . . . . ‾2‾8‾ ‾h‾.

Aux Hunes.

De misaine
&
grande hune.
{
Volontaires 2
Quartiers-Maîtres 2
Gabiers. 10
Soldats. 8
}
22

D'artimon.
{
Gabiers. 4
Soldats. 4
}
8

Total . . . 30 h.

Aux Galeries.

Calfats.
{
Le Maître & le second . . . .
Deux Aides & 2 second . . . .
}
6

Charpentiers
{
Le Maître & le second . . . .
Deux Aides & 2 Matelots . . .
}
6

Total . . . 12 h.

Au poste du Chirurgien.

Le Chirurgien Major, l'Aumônier, deux seconds Chirurgiens, deux Aides, l'Apothicaire, les Infirmiers & deux Mousses . . . . .
}
12

Aux Poudres.

Le Pilote côtier, le Secrétaire, les Valets, les gens du Munitionnaire, les Gardiens, deux Maîtres Voiliers & deux Aides ; en tout, ...
}
20

Récapitulation.

Premiere batterie 191
Seconde batterie. 121
Gaillard d'arriere 59
Gaillard d'avant 35
Dunette . . , ... 60
Paſſavant. 28
Aux hunes 30
Aux galeries 12
Au poſte du Chirurgien 12
Aux poudres 29
Sentinelles aux écoutilles 3
Totalité de l'équipage . . . . . . 580 h.

C'eſt par un calcul ſemblable que je démontre qu'il faut ſept cents hommes pour
bien armer un vaiſſeau de ſoixante-quatorze, & neuf cents hommes pour en armer
un de quatre-vingt.

Je ne m'appeſantirai pas d'avantage ſur
ces détails, dont je ſens que la diſcuſſion eſt
trop faſtidieuſe; je dirai ſeulement, que ſi
l'on trouve le nombre des Officiers mariniers de manœuvres, trop petit, qu'on faſſe
attention, qu'en le diminuant j'en augmente
la conſidération. C'eſt cette facilité trop
grande à faire, d'un bon Matelot, un mauvais Officier marinier, qui dépeuple les
claſſes. Tout homme, indiſtinctement, n'eſt
pas propre à le devenir; il ne ſuffit pas ſeulement qu'il ſoit inſtruit, il faut qu'il ait
le ton ferme d'un bon commandement, &
qu'il ſache ſe faire obéir. Quand le matelot

regardera le poſte de gabier comme une récompenſe & un avancement, il ſera plus facile de lui inſpirer de l'émulation ; & en attachant une paie plus forte & une certaine autorité à ce grade, ou lui donnera une conſidération ſuffiſante. Il ſera envié du matelot, comme un titre, que la ſcience de ſon métier, plutôt que l'ancienneté ſeule doit procurer. Il exiſte aujourd'hui un abus, que je crois très-préjudiciable au bien du ſervice. On ne paſſe ſur les vaiſſeaux ou frégates, dans les Ordonnances & Réglemeuts, qu'un très-petit nombre de gabiers, delà, la néceſſité de choiſir, pour y ſuppléer, dans le reſte de l'équipage, un certain nombre de matelots les plus inſtruits, & les plus intelligents, qui ſans en avoir ni la ſolde, ni les avantages, ſont dans le fait de vrais gabiers. Je voudrois donc que ceux-ci, dont j'augmente le nombre, euſſent tous ration & demie, comme les aides-canonniers, & fuſſent tous des hommes ſûrs & ſages, les autres bons ſujets, matelots moins inſtruits, feroient diſtingués du reſte de l'équipage, en les plaçant dans une claſſe inférieure aux premiers, & je les diſtingue par le nom de *Nautilans*. Ainſi , les marins déſormais feroient les Départements diſtribués en quatre claſſes diſtinctes, non compris les mouſſes, comme il ſuit. Les novices, les matelots, les nautilans & les gabiers, proportionnés à la force & à la grandeur des vaiſſeaux, comme on vient de le voir. Les deux premieres ne feroient, à bien dire, que le noviciat des deux dernieres, des dégrés préparatoires pour y parvenir, en s'en montrant capable. Et fi le Gouvernement perfifte à placer fon Infanterie en garnifon fur les vaiffeaux de guerre, les Brigades d'Artillerie établies dans les trois Ports, & compofées de canonniers bien inftruits, pourront fuffire à fournir les Maîtres, aides-canonniers & matelots-canonniers-chargeurs que j'emploie fur les vaiffeaux, comme elles font en poffeffion de fournir, depuis long-temps, les Capitaines d'armes. Ce fera donc, dans l'exemple que nous avons cité, deux cents vingt hommes à fournir de moins par les Claffes ; & fi vous y joignez les valets, les gens du Munitionnaire, les Armuriers, le Secrétaire, les Chirurgiens, les Volontaires, & les quatorze perfonnes d'Etat-Major. On formera un nombre de foixante & douze hommes à diminuer encore, de maniere que celui qu'elles feroient tenues de completter, pour un vaiffeau du quatrieme rang, fe réduit à un peu moins de la moitié de fon équipage; c'eft-à-dire, à deux cents quatre-vingt-huit hommes. Cette économie, dans l'efpece la plus précieufe & la plus rare, eft digne de quelque attention. Je m'occuperai, dans le Chapitre fuivant, des moyens qu'on pourroit employer pour multiplier les reffources des Claffes qui s'épuifent toujours trop vîte,

CHAPITRE VII.

Des abus qui se sont glissés dans les Classes ; du despotisme des Commissaires ; moyens d'y remédier en établissant des Officiers-Commandants, sous les yeux de qui se feront les levées, & par de fréquentes inspections ; nouveaux moyens d'augmenter leurs ressources.

IL s'est introduit, dans l'administration des Classes, une foule d'abus qu'il seroit trop long de détailler : je n'en citerai que quelques-uns. Le plus considérable, à mon avis, c'est la facilité que l'on a d'élever au grade d'Officiers mariniers, les matelots qui le méritent, ou ceux que la faveur veut avancer ; parce que cette qualité est la seule récompense qu'on ait à leur procurer : il arrive de-là, que le nombre des Officiers mariniers se multiplie bien au-delà des besoins réels, & que, pour en tirer parti, on en augmente la quantité sur les vaisseaux : la multitude en affoiblit la considération ; & ce grade, qui devroit être réservé à la capacité, est prodigué trop souvent à des sujets qui n'ont, pour eux , que la bonne volonté de ceux qui les y pouffent ; ce qui néceffite un choix qui ne devroit point avoir lieu. Cet abus dépeuple encore confidérablement des Claffes ; au lieu qu'en faifant envifager , au matelot , les titres fucceffifs de *nautilans* & de gabiers comme des grades rénumératifs, on entretient fon émulation, & c'eft obvier à l'inconvénient que je viens d'indiquer ; on emploie, d'ailleurs, utilement des hommes que l'expérience & la pratique ont formés , & qui achevent de fe rendre dignes de monter à des grades fupérieurs ; la plus grande concurrence ajoute encore un nouveau motif de confidération pour celui qui les a obtenus de préférence. Toutes ces obfervations ont plus d'importance qu'on ne croit.

Un autre grand défaut des Claffes , c'eft la régie confiée, dans un département, à un feul homme. Il y exerce un defpotifme fouvent auffi injufte qu'intolérable. L'équité ne préfide pas toujours à fes décifions, ni l'impartialité à fes ordres, & l'objet de fon indifférence , de fon reffentiment ou de fa haine , eft facrifié aux avantages de ceux qu'il favorife. Le matelot employé dans des campagnes réitérées au fervice du Roi, qui n'eft pas le plus lucratif, voit, avec envie, le fort de fon camarade , qui refte continuellement au fervice du Marchand , qui n'eft jamais plus avantageux qu'en temps de guerre. Il en eft même qui fe trouvent réal-

lement affectés de cette espece de persécu-
tion, que le chagrin qu'ils en conçoivent,
les fait tomber malade : de-là, cette foule
de valétudinaires qui rempliflent nos hôpi-
taux.

C'eft bien pis encore, quand un intérêt
fordide eft la fource de ces vexations. Le
Négociant, qui fpécule de grands avantages, paie généreufement les matelots qu'on
lui procure. Ces marchés honteux ne font
pas les feule profits qu'un Commiflaire avi.
de fe permet. Tandis que d'un côté, il eft
occupé à les conclure ; de l'autre, un pere
vient racheter, par des fupplications &
des facrifices trop au-deffus de fes moyens,
la liberté d'un fils, le feul appui de fa foi-
bleffe, qu'un ordre fatal alloit lui enlever.
Ces crimes de la cupidité, ne font que trop
communs ; mais il eft plus aifé de les dé-
noncer, que de les prouver, par la perfide
adreffe de leurs Auteurs, à en effacer jufqu'aux moindres traces ; les victimes mêmes
de ces indignités criantes, étouffent leurs
plaintes dans le filence, & cachent jufqu'à
leurs larmes. A qui s'adrefferoient-ils, contre une autorité fi defpotique ? Qui recla-
meroient-ils, contre des ordres fi précis,
& voilés fous prétexte fi fpécieux ?

Le moindre inconvénient, qui réfulte de
de ces fourdes manœuvres, c'eft que le fervice du Roi en fouffre, parce que ce ne
font pas toujours les moins bons fujets qu'on
en exempte. On voit encore l'homme pro.

tégé, & connu pour n'avoir que des talents médiocres, avancer avec une rapidité incroyable ; c'eſt un autre abus de la Régie, qui donne le droit, au Commiſſaire, de priſer, ſans le bien connoître, la capacité d'un ſujet qu'il affectionne par des rapports indirects. S'il a une jolie parente, douce & complaiſante, le plus inepte trouve bientôt le moyen de percer ; tandis que le matelot formé, n'ayant d'autre appui que lui-même, trop plein quelquefois de ce ſentiment de confiance que nous inſpire les talents, s'expliquant avec une certaine énergie ſur les injuſtices qu'on lui fait eſſuyer, s'attire un reſſentiment que ſon amour propre à provoqué, bien moins que l'équité qui plaide tout haut en ſa faveur.

Tous ces abus, & ceux que l'intérêt ſeul peut commettre, prennent leur ſource dans le Réglement qui a fixé un traitement général pour les départements des Claſſes, que les différences locales auroient dû ſeules déterminer Quinze cents livres ou deux mille francs peuvent ſuffire dans quelques petits Ports de mer, mais non pas dans les autres départements où le Commiſſaire ſeul eſt forcé de tenir une maiſon, & de repréſenter. En général, tous les appointements ſont trop foibles ; ils expoſent à la tentation d'abuſer du pouvoir, & de tirer parti des circonſtances. Ils doivent être proportionnés aux prix moyen des denrées & autres

néceffités de la vie dans le lieu du Département ; mais comme rien n'arrête la cupidité
de l'homme, qui ne fe conduit pas par les
principes de la plus exacte probité, il eft néceffaire de donner un frein à celui qui oublie-
roit fes devoirs. Voici celui que je propofe.

Un Militaire qui a paffé trente ans au
fervice de fa patrie, où il a confommé fouvent une partie de fa fortune, trouve, dans
une Lieutenance du Roi, une Majorité,
une Aide-Majorité, une retraite honorable & avantageufe, où il eft encore utile
à l'Etat. Pourquoi la Marine n'a-t-elle pas
les mêmes reffources ? Un Officier que fon
âge ou les bleffures, ont mis hors d'état de
fervir plus long-temps fur mer, ne peut-il
pas trouver encore les moyens d'être utile
à terre ? Je defirerois donc que le Gouvernement voulût établir des places honorables dans les différents Ports de mer ou
Départements, pour être la récompenfe
d'un brave Officier, qui auroit bien fervi ;
& comme ces places ne feroient pas toutes
appointées également, mais en raifon de
leurs étendues, elles feroient le partage
de ceux qui auroient vieilli dans les différents grades. Celles dont il s'agit ici, ne
pourroient, pour la plupart, que flater
l'ambition des Lieutenants & des Adjudants (1), que les raifons indifpenfables

____

(1) Les Ports de quelque importance, comme Dunker-
que, le Havre, Saint-Malo, Morlaix, Port-Louis, le
Croific, la Rochelle, Bayonne, Marfeille & Corfe,

que nous venons de déduire, obligeroient
à se retirer. En attachant, à ces places,
de la considération, & une autorité immédiate sur tout ce qui a rapport à la Marine, dans l'étendue du département, dans
un Port de mer que le Commerce fréquente & vivifie, en lui donnant l'inspection sur
tous les Matelots classés, & le droit de
préséance aux revues, afin d'examiner les
raisons qu'ils donnent pour se dispenser de
marcher, & si l'impartialité préside à ces
levées, ne remédieroient-ils pas, quand ils
auroient pris une parfaite connoissance du
local, aux abus d'une autorité véxative ou
intéressée ? Ces surveillants seroient sur-
veillés eux-mêmes par des Officiers supérieurs chargés d'inspecter de temps en temps
chaque département ; mille écus aux premiers, six mille francs aux seconds, pris
sur les revenus immenses de l'Amirauté, ne
coûteroient rien à la Marine & à l'Etat ; &
on établiroit, par ce moyen bien simple,
une équité immuable dans l'administration
des Classes. La présence de ces Officiers
décorés & revêtus d'une autorité importante, donneroit plus de lustre & d'importance aux nouvelles levées que j'ai promis
d'établir dans ce Chapitre.

---

croient des retraites honnêtes pour des Lieutenant
sui n'auroient pu atteindre à la majorité ; & les pe-
its Ports, avec cent louis ou deux mille francs d'appointements, seroient la récompense du service de
Adjudants.

Pour donner encore plus d'étendue à leurs places, je voudrois que les commiffions des Officiers & les Capitaines du Commerce fuffent fignées d'eux ; que tout ce qu'il y a de Marins, dans un département, fût à leurs ordres, fans que cette fujétion pût gêner en rien le Commerce, fans fe mêler abfolument des arrangement d'un Armateur avec fes Matelots & Officiers, qui doit être un contrat civil paffé de gré à gré entre le matelot qui s'engage, & le Négociant ou fon répréfentant, qui ftipule avec lui, le prix de cet engagement. Je voudrois feulement que les Capitaines, à leur départ, fuffent tenus de prendre leurs ordres, fans qu'il fût permis à ceux-ci de les retenir une feule minute, fous quelque prétexte que ce foit, & qu'il en fût de même à leur arrivée ; en un mot, ils rempliroient, dans les poftes où ils feroient départis, toutes les fonctions de l'adminiftration exécutive ; c'eft-à-dire, que la régie & l'adminiftration des Claffes, feroit & demeureroit divifée en deux parties diftinctes, dont l'une, fous l'autorité immédiate de cet Officier Commandant, comprendroit tout ce qui concerne fa difpofition, la direction, l'affemblée, l'équipement des levées & travaux extraordinaires à exécuter pour le fervice du Roi ; & l'autre, fous l'autorité du Commiffaire, comprendroit tout ce qui regarde la recette, la dépenfe & la comptabilité des deniers & des matieres. Ces deux

Chefs, entre qui on ne permettroit aucune alliance qui pût rendre leurs intérêts communs, ne s'entendroient pas, à coup sûr, si facilement pour dévorer la subsistance du matelot, & faire entr'eux un injuste partage des avantages & des peines attachées à leur état.

Ils remédieroient encore à un abus aussi préjudiciable à la population des Classes, en ne permettant pas qu'un matelot sorte de sa sphere, & que par un excès d'avarice du Négociant, le marin, né dans le plus bas dégré, parvienne à commander des bâtiments ; parce que, trop flatté du rang où on l'éleve, il n'exige pas que la peine soit à un aussi haut prix que celui qui, parvenu à ce poste par sa naissance & son application, mérite une juste considération, & de plus forts appointements. Je l'ai déjà dit : c'est cette facilité à avancer ces protégés subalternes, qui déplace les sujets, & contribue, autant que tout le reste, à occasionner les vuides dont on se plaint. Le fils d'un cordonnier, qui a commencé matelot, devient Officier, se hâte de faire au service les voyages que les Ordonnances lui prescrivent, se fait ensuite recevoir Capitaine, commande des vaisseaux, s'enrichit, & ses fils sont des Messieurs qui affichant des prétentions, à force de soupleffe & d'humiliation, acquerrent des protecteurs & se jettent effrontément dans le chemin des sujets, qui, placés, par le ha-

fard , de niveau avec ces emplois , poſſé-
dants les talents néceſſaires pour s'y diſtinguer , tiennent des ſentiments que l'éducation leur a inſpiré , cette noble fierté qui aime mieux ſouffrir dans l'obſcurité , que d'en
ſortir par des lâchetés & des baſſeſſes. Les
exemples d'indécence, que donnent ces parvenus , ſont journaliers ; tout le monde crie
au ridicule , le Gouvernement ſeul ne voit
pas qu'il eſt de ſon intérêt de réprimer
cette licence. Je reviens aux Officiers-Commandants que je place dans les Ports ſui-
vants :

Dans la Manche	Dans l'Océan.	Dans la Médi-terranée.
Dunkerque	Le Conquet	Marſeille
Calais	Benaudet	Corſe
Boulogne	Port-Louis	Antibes
Dieppe	Belle-Iſle	Cette
Le Havre	Le Croiſic	
Honfleur	Painbœuf	
Rouen	La Rochelle	
Cherbourg	L'Iſle de Rhé	
Granville	Oleron	
Saint-Malo	Royan	
Saint-Brieux	Blaye	
Morlaix.	Bordeaux	
	Bayonne	
	St Jean de Luz	

On voit que nous aurions trente places
au moins, & dix Infpecteurs, qui formeroient en tout quarante retraites honorables, fans compter celles dont je parlerai
au Chapitre fuivant. On proportionneroit
à la confidération dont on voudroit les faire
jouir, aux reffources du Pays qu'ils habi-
teroient, à l'étendue du commerce de leurs
départemens, les appointemens dont on les
fait jouir, &c. on leur pafferoit un Secrétaire & un Garde, dont l'uniforme feroit
différent de celui du Commiffaire; ils porteroient l'épaulette du grade qu'ils avoient
dans la marine, & un uniforme approchant
de ceux des Lieutenants de Roi, ou des
Majors de place, avec le bouton à l'ancre.
En temps de guerre, dans le cas ou les côtes
de leurs départemens feroient infultées ou
ménacées par quelques vaiffeaux fufpeds,
ils fe tranfporteroieut aux batteries les plus
à portée de défendre la defcente, & de repouffer l'infulte, à la tête de tous les Invalides de la Marine, & des gens claffés
qui fe trouveroient au département; comme auffi dans les cas où il feroit urgent de
porter à l'inftant des fecours aux vaiffeaux
en péril; ils en ordonneroient feuls, &
répondroient perfonnellement de leur négligence à cet égard.

La Marine, conftituée fur le plan que
je trace, doit être la fource de toutes les
lumieres de l'inftruction, & la pépiniere
de tous les marins de la France. En confé-

quence, au lieu de ces deux voyages inutiles , que l'on oblige tous les Officiers du
commerce à faire avant d'être reçus Capitaines , je voudrois qu'on lui impofât la
néceffité de fervir fur les vaiffeaux du
Roi ; en paix, un temps limité ; en guerre,
un temps illimité , en qualité de volontaires ; & voilà la fource intariffable de ceux
dont j'ai parlé dans le cours de cet Effai.
Cette nouvelle claffe de marins feroit un
débouché commode pour ces jeunes gens de
familles anciennes dans la roture , & même
dans la nobleffe indigente , qui ne trouvent
qu'avec les plus grandes difficultés , les
moyens de s'occuper utilement pour leur
fortune. Les admettre dans cette claffe, feroit d'abord une diftinction avantageufe ,
& enfuite leur procurer, fans frais , les
moyens d'acquérir les connoiffances les plus
étendues fur leur metier. Les Maîtres d'hydrographie , établis ou à établir dans prefque tous les départements, leur en donneroient les premiers éléments ; enfuite, admis
dans les Écoles fondées dans les Ports dé-
fignés pour cet effet, ils acheveroient de
s'inftruire dans toutes les fciences qui font
les meilleurs marins , ils acquerroient fur
les vaiffeaux du Roi l'expérience & la pratique qui diftinguent les bons Officiers.
Calais, le Havre, Cherbourg, Saint-Malo
& Morlaix , dans la Manche ; Benaudet ,
Paimbœuf, la Rochelle, Blaye & Bayonne,
fur l'Océan ; Cette & Antibes, dans la Mé-

diterannée, me paroissent les Ports les plus propres à établir ces Ecoles maritimes. Des Couvents d'hommes, ou des maisons de Communautés religieuses de ces Ports ou des environs, dont l'inutilité n'est que trop démontrée, serviroient à loger ces Colleges hydographiques & mathématiques. L'Amirauté feroit les frais de tous les Maîtres ; & de toutes les Villes circonvoisines, la jeunesse qui se destineroit à la mer, viendroit en foule à ces Ecoles gratuites acquérir les lumieres de la théorie, en attendant d'être à même d'y joindre celles de l'expérience. Suffisamment instruits des notions préliminaires, on les embarqueroit sur les vaisseaux du Roi dans les proportions suivantes : Vingt sur les frégates, trente sur les vaisseaux de soixantequatre & de soixante-quatorze, quarante sur ceux de cent-dix, &c. on leur apprendroit sur ces vaisseaux, & dans les Ports, l'exercice du canon, celui du fusil & du jet des grenades, la manœuvre & les évolutions ; enfin, on en feroit des hommes instruits en tous genres, & dignes de la confiance du Négociant qui leur confie sa fortune, & du Gouvernement qui leur confie la vie des hommes. Il faudroit avoir subi ce noviciat pour obtenir le commandement du plus petit vaisseau pour le long cours , & même le grand cabotage ; & comme on se rendroit difficile sur l'admission des sujets qui ne pourroient être reçus dans les Colleges d'hydrographie & de mathématiques, que sur les certificats des Communautés des Villes, ou des Notables, Juges & Curés, &c. des lieux de leur naissance, on n'y admettroit que les fils de la bonne bourgeoisie, ou de l'ancienne roture qui exerce des charges honorables. Enfin, tous ces jeunes gens destinés au commandement des bâtiments du commerce seroient nés dans une condition honnête, & dignes, s'ils annonçoient de grands talents, d'entrer dans la Marine royale ; ce seroit parmi les plus distingués par les connoissances, les sentiments ou la naissance, que l'on choisiroit les sujets qui devroient concourrir avec les Garde-Marines pour remplir les places d'Enseignes de vaisseau vacantes, & même quelquefois celles des Adjudants, que j'ai compris dans les Etats-Majors des vaisseaux & frégates, quand leur expérience, leur conduite & quelque belle action, les auroient rendus susceptibles ; ce seroit encore parmi cette jeunesse qu'on choisiroit, entre les plus sages & les plus capables, les premiers & seconds pilotes les aides pilotes & les timonniers.

Si, à la suite du bienfait de l'éducation gratuite & rendue nécessaire, le Ministere fait distribuer, d'une main moins libérale qu'équitable, des privileges, des distinctions, des prérogatives & des honneurs, il va faire d'une jeunesse vive, ardente & légere, une épiniere de héros. C'est par

l'opinion qu'une sage législation doit régner ;
c'est l'opinion qui gouverne tous les États,
son pouvoir influe sur tous les hommes ;
c'est l'opinion qui fait quelquefois le sup-
plice du sage, en même-temps qu'elle couronne les succès de l'homme entreprenant.
Sous le regne de l'opinion, l'estime des
hommes devient non-seulement utile à tous,
mais même nécessaire au citoyen, qui veut
le soutenir au niveau de tout le monde ;
l'ambitieux l'usurpe comme un moyen utile
à ses vues ; l'homme vain la mendie comme
un témoignage de son mérite, & l'honnête
homme l'exige comme indispensable. L'honneur est une condition que beaucoup d'hommes mettent à leur propre existence. Le
Gouvernement, qui fait faire agir à propos tous ces ressorts du cœur humain, vien-
dra toujours à bout des desseins les plus
hardis, les plus glorieux & les plus difficiles. On a dit tout cela avant moi ; mais
il n'est pas inutile de répéter des vérités
dont on n'a pas assez profité. Les Corps politiques conservent plus long-temps que les
autres le mouvement qui leur a été imprimé ; mais ils en reçoivent aussi bien plus
lentement un nouveau.

En attribuant aux volontaires, sur les
vaisseaux & les frégates, les fonctions de
pilotes, d'aides-pilotes & de timonniers,
je fais rentrer dans les classes des matelots une foule de sujets qui en sortent pour
occuper ces emplois, & je rends à la Marine

rine des hommes précieux , plus néceffaires dans cet état que dans l'autre. On fe plaint tous les jours que les hommes claffés s'épuifent trop promptement ; j'ai fait voir les foins de propreté qu'il faut prendre pour leur confervation. Je vais maintenant indiquer un nouveau moyen d'en augmenter l'efpece , qui devient rare même dans les Ports de mer.

Les hôpitaux des Villes de l'intérieur du Royaume regorgent d'orphelins & de bâtards ; pourquoi le Gouvernement ne prendroit-il pas le foin de les élever pour la Marine ? Nous ne fommes plus au temps où le malheur d'ignorer fes pere & mere étoit un opprobre aux yeux mêmes du peuple le moins délicat. Mon avis feroit donc qu'on fît tous les ans des levées parmi ces enfants de l'Etat ; qu'on eût l'attention de les choifir depuis l'âge de douze ans jufqu'à celui de feize, d'une bonne conformation , d'une haute ftature, & d'une conftitution faine & robufte ; qu'on les fît enfuite conduire dans le Port de mer le plus voifin, & là, qu'on les embarquât tout de fuite , pour effayer fi leur tempéramment peut fe faire à la mer. Chaque vaiffeau feroit obligé d'en prendre un ou deux, fuivant la grandeur : en attendant qu'on pût les embarquer , on pourroit les occuper dans les Ports aux plus petits travaux , & dans les Colleges maritimes. Au retour de la premiere campagne , on les diftribueroit dans les Ports &

R

les Arfenaux de Marine , pour être inftruits & employés comme nous le dirons
bientôt.

Tous ces établiffements auroient beaucoup
d'avantages fans entraîner aucun inconvénient réel. Malheureufement les inftitutions
les plus fimples, les plus faciles & les plus
fages , qui n'attendent que le fignal du légiflateur pour répandre dans l'Etat l'abondance , la force & le bonheur , & qui mériteroient au Prince la reconnoiffance éternelle de toutes les générations , font ou
inconnues ou rejettées ; une inquétude mi-
nutieufe , la timide prudence du moment, la
défiance & l'averfion pour les nouveautés
les plus utiles , s'emparent de l'efprit de
ceux qui pourroient régler & combiner les
changements & les moyens que je propofe.

CHAPITRE VIII.

De l'éducation des Garde-Marines & Aspirants ; nouveaux objets à y ajouter ; avantages d'instruire à la manœuvre les jeunes gens qu'on destine à peupler les Classes ; du service des Ports , envisagé comme des places de retraites.

SI , tandis que tous les autres arts se perfectionnent, l'art maritime seul reste dans l'enfance, il ne faut pas, je le répete, en attribuer la faute au génie de la Nation, mais bien au Gouvernement, qui n'attache pas assez d'importance aux seuls moyens de l'acquérir ; qui n'en fait pas un des objets de l'éducation publique donnée à la jeune noblesse qui s'y destine ; qui n'admet pas à participer aux avantages de cette éducation gratuite, comme un motif d'émulation, la jeune roture qui débute dans cette carriere ; qui ne dirige pas assez vers cette profession le génie des hommes en place ou à talents ; qui ne récompense pas assez les moindres découvertes dans cette partie (1) ; qui rende

____

(1) Les Anglais, en cela , se montrent plus sages, ils sont même quelquefois prodigues ; ils ont récompensé magnifiquement ce Charpentier qui trouva le

enfin la carriere maritime une carriere in-
grate, où l'orgueil de la naiffance tient
lieu de lumieres, & où les prix font diftribués par la faveur.

Si les jeunes gentilshommes, élevés aux
frais de l'Etat pour cette profeffion, ne s'en
rendent pas capables, c'eft la faute du Gouvernement; car, dans un Etat bien conftitué
le Gouvernement doit veiller fur les mœurs,
fur les opinions, fur les préjugés & fur les
courages. Avec la vertu, l'exemple, l'encouragement, l'honneur & le châtiment, il
peut être plus puiffant que la pareffe, que
les abus, que les vices, que les paffions,
que la corruption la plus invétérée. En général, les Gouvernements des grands peuples font bien loin de faire & de connoître
feulement tout ce qui eft en leur pouvoir ;
ils ne fentent pas affez l'étendue de leurs reffources ; ils fe laiffent décourager par le
nombre & l'ancienneté des abus ; ils n'o-
fent y porter le feul remede qui convien-
droit, *de la conftance & de la fermeté dans
la réforme devenue néceffaire.* Ne nous laffons
donc pas de répéter que fi les vices de

---

moyen d'établir la droffe ou rabau de barre, comme
on la place aujourd'hui dans tous nos vaiffeaux du
Roi. Cette invention, qui a vraiment fon mérite,
confifte à cacher la droffe dans l'epaiffeur du croiffant
ou, tamifaille, en la faifant rouler fur des rouets en
arriere de cette piece, & fur ces deux rouleaux per-
pendiculaires, adaptés latéralement à la barre du
gouvernail.

la conſtitution aĉtuelle ſont ſans nombre ; les moyens d'y remédier ſont immenſes. En mettant ſous les yeux le tableau effrayant des maux que les préjugés & les abus font à la Marine, j'offre la poſſibibilité encourageante de leur guériſon.

Les hommes ſont ce qu'un Gouvernement habile veut qu'ils ſoient. C'eſt donc à lui à diriger leur inclination, leur aĉtivité, vers le but où elle doit tourner à ſa gloire & à ſon avantage. S'il eſt de l'intérêt de la France d'avoir une Marine puiſſante, il ne lui importe pas moins d'avoir à la tête de ſes forces maritimes des Officiers inſtruits & expérimentés. L'éducation que l'on donne aux Aſpirants Garde-Marines, répond-t-elle à cette double intention ? Non, ſans doute: on en fait des écoliers qui ne ſont ſavants qu'en théorie. L'étude des mathématiques eſt utile, le deſſin eſt avantageux, les exercices & l'eſcrime ſont bons ; mais ces connoiſſances ne ſont pas les ſeules que l'Officier de mer doit acquérir. Les notions trop légeres qu'on leur donne de la conſtruction, qu'on ne leur montre qu'en petit, ne ſont pas ſuffiſantes ; elles ne ſont que des connoiſſances préparatoires ; il leur faudroit, dans les ſales où on les aſſemble, de bons modeles ſous les yeux, de grandeurs convenables, avec des pieces détachées comme ſeroient *la courbe capucine*, les pieces qui compoſent *le digeon* ou *la guibre & la poulaine, les herpes, les mon-*

sants & *les dauphins* , &c. en cuivre , de l'épaisseur de cinq ou six lignes, vissées sur un bout de *l'étrave* , représenté lui-même en cuivre, avec de longs vis en forme de chevilles qu'on peut ôter & mettre à volonté, afin de leur faire voir la forme de chaque piece en particulier, son nom , (qu'on graveroit sur la piece,) son assemblage avec les pieces voisines, & leur rapport de solidité avec le tout. De même on leur feroit connoître ce qu'on nomme *les étains* , tout ce qui forme l'assemblage de l'arcasse d'un vaisseaux, en bois, d'un grain fin, comme le buis ou quelqu'autre. On leur montreroit, de même , la coupe des pieces d'un *bou* entier ou d'*assemblage* , leur endentement sur *la serre-bauquiere*, l'assemblage des pieces d'un couple ou de plusieurs; la maniere dont on cheville les *levées* sur la *quille* , son écart avec le *brion* , la forme particuliere des *fourcats* ou *varangues accul-lées* , *des apôtres* , *du genoux & allonges de revers* , des barres d'*arcasses* & d'*hourdis* des *précentes* ; enfin, de toutes les pieces importantes qui entrent dans la construc-tion d'un vaisseau : en un mot, je voudrois qu'on leur parlât aux yeux. Cette maniere de démontrer, dit Lachapelle, est la meil-leur, à portée de tous les âges & de tous les esprits.

Quand on leur auroit ainsi présenté les premieres notions de la construction, on leur apprendroit à dresser un plan, à for-

mer un *devis* ; on les obligeroit à fuivre enfuite avec affiduité & par efcouade la conftruction entiere d'une gabarre , corvette ,
frégate ou vaiffeau de ligne ; enfin , on s'attacheroit à leur donner les connoiffances
les plus effentielles en cette partie.

Il en eft trois autres qu'on néglige beaucoup trop , à mon avis ; ce font le grément ,
la manœuvre & les évolutions navales. Le
premier eft abfolument abandonné ; car je
n'appelle pas des connoiffances fur le grément , les notions fuperficielles qu'on leur
donne fur des modeles en petit , où la
main , le doigt d'un feul homme fuffifent
pour braffer une vergue ; ce jeu d'enfant
ne leur donne aucune idée des frottements ,
ni des raifons qui ont déterminé la fituation *des bras* , *des boulines* , *des balancines* ,
&c. Il ne leur apprend rien , ou prefque
rien , de la coupe, & des façons à donner
au cordage coupé , pour être employé comme
haubans , *galaubans* , *eftrops* , *écoutes* , *&c.*
Enfin , cet amufement , à mon avis , n'eft
bon qu'à les difpofer à une étude plus fé-
rieufe , où ils ne doivent pas dédaigner d'acquérir les connoiffances néceffaires par un
travail manuel. Il faut d'abord leur en donner des notions théoriques. Je ne connois
aucun livre qui traite de cet objet ; mais ,
en revanche, il y en a plufieurs Traités
manufcrits. Un des meilleurs qui me foient
tombés entre les mains , eft celui que M.
de la Vigne-Buiffon , Commandant au port

de l'Orient, avoit fait pour l'inftruction de fes enfants : il enfeigne d'abord la proportion des *mâts*, *vergues*, *hunes*, *barres de hunes*, *bouts-dehors* & *chouquets* ; la coupe des manœuvres proportionnellement aux vergues (1) ; enfuite le *capelage des mâts*, *des vergues* & *du beaupré* ; la maniere de faire *fes lieures*, la groffeur & les *paffes* de toutes les manœuvres dormantes & courantes, leur pofition ; il apprend, en un mot, la maniere de gréer un vaiffeau, de le mâter, & de l'abattre en carenne. C'eft le Traité le plus inftructif & le plus complet que j'aie jamais connu ; il mériteroit d'être imprimé, & d'être admis au rang des livres claffiques dans les falles des Garde-Marines. Pour en fuivre le développement, & leur en faire comprendre l'utilité ; il faudroit leur en faire exécuter tous les procédés ; & voici mon avis à cet égard : il faudroit, dans une des enceintes de leur hôtel, leur faire conftruire, fur un chantier exprès, la coupe horifontale d'une corvette de vingt canons, élevée de quatre ou cinq pieds au-deffus du gazon, qui repréfenteroit la mer ; on y mettroit un beaupré, un mât

---

(1) Il coupe toutes les manœuvres, pour chaque mât, fur la vergue principale de ce mât, dans fa longueur, prife de taquet en taquet. Cette méthode évite quantité de fractions qui chargent la mémoire ; il prend auffi la groffeur fur les rides. Ces deux objets font la mefure & le terme de toutes les comparaifons.

de misaine, un grand mât, & un mât diftingué. Un couple de maîtres des plus inftruits, des plus honnêtes & des plus intelligents, leur apprendroient d'abord à couper les manœuvres suivant les proportions,
en longueur & en grosseur, que preſcri-
roient les dimensions de cette eſpece de
vaiſſeau ; enſuite, l'habit bas, & revêtu
d'un gilet de toile de coutil bleu, bien bou-
tonné ; & en outre, d'un eſpece de tablier
qui monteroit juſqu'au col, & deſcendroit,
de la ceinture aux genoux, par-deſſus une
grande culotte ſemblable au gilet ; ils *four-
reroient, garniroient & capleroient* eux-
mêmes les *haubans*, les *étais*, les *marche-
pieds*, *&c.* On ne leur donneroit que du
vieux bordage à employer ; on leur rendroit
compte avec ſoin, par des leçons raiſon-
nées, de tous les procédés que l'on ſuivroit,
dans telle ou telle façon de travailler, à
certains jours de la ſemaine ; on les occuperoit à cet exercice, qu'on leur feroit regarder comme une récréation, un délaſſement aux contentions de l'eſprit qui s'ap-
plique aux calculs de l'hydrographie & des
mathématiques Quand ils poſſéderoient à
fond la coupe des manœuvres, & la maniere de gréer, on pouſſeroit leur inſtruction plus loin. Le Roi auroit exprès, dans
les ports de Breſt & de *Landevant*, deux
corvettes de ſeize ou dix-huit canons, de
quatre ou ſix livres de balle. Les jeunes novices dont nous avons propoſé au Chapi-

tre précédent l'assemblage dans les Ports, aidés de quelques matelots ou nautilans plus forts, feroient employés à tranfporter à bord de cette corvette le grément, les voiles, & le autres objets néceffaires à fon armement; mais il n'y auroit que MM. les Afpirants & Garde-Marines qui, fous les yeux de leurs Officiers & de leurs maîtres, duffent travailler à gréer la corvette, mettre les voiles en vergue, difpofer fon arimage, &c. Ce travail achevé on la conduiroit en rade; & depuis le premier de Juin jufqu'au dernier d'Octobre, tous les jours abfolument où le temps feroit convenable, les deux corvettes appareilleroient, courroient des bordées, & parcourroient la rade en tout fens, exécuteroient, en un mot, toutes les manœuvres qu'un vaiffeau feul, ou deux vaiffeaux enfemble, peuvent exécuter; ils donneroient des combats fimulés, tenteroient des defcentes, formeroient des attaques de Forts, prendroient & donneroient chaffe tour à tour; enfin, toutes les manœuvres que les circonftances, l'efpace, le lieu & le temps permettroient. Après avoir paffé un été au grément, un fecond à la manœuvre, on leur donneroit, dans le troifieme, quelques notions des évolutions navales. C'eft par cette derniere inftruction que fe termineroient ces efpeces de caravannes que j'appelle *leur rigoureufe.*

On armeroit trois corvettes dans chacun des Ports du Royaume, comme à Breft, à

Landevenec, à Rochefort & à la Hougue (1) :
ces corvettes, réunies fous la protection de
trois vaiffeaux de guerre, accompagnées de
trois frégates, metteroient en mer au premier de Juin, pour rentrer tout-à-fait au premier d'Octobre, ou même avant l'équinoxe.
On établiroit la croifiere entre Finiftere &
Oueffant. L'efpace de temps qu'on refteroit
en mer à évoluer feroit d'un mois ou cinq
femaines avant de relâcher, fous quelque
prétexte que ce fût : on pourroit même s'é-
carter jufqu'à chercher la relâche des Ca-
naries, & la plus longue ne pourroit être
que de huit jours au plus. L'équipage de
chaque corvette feroit entiérement compofé
d'Afpirants ou Garde-Marines, à la réferve
de quelques Quartiers-Maîtres, Gabiers,
Matelots & Valets, pour la tenir en tout
temps dans une exacte propreté. Ces corvettes, qui feroient toutes de feize, dix-huit
ou vingt canons, feroient doublées en cuivre, aménagées le plus commodément poffible, pour contenir à l'aife affez d'hamacs à
l'anglaife, & de cadres à pieds pour coucher quarante ou cinquante afpirants ; on
auroit foin de les tenir auffi bien aérées (2),

---

(1) Je fuppofe déjà établis ces deux Ports, qu'il eft
bien effentiel à la France d'avoir, fur-tout à celui de
la Manche.

(2) J'imagine qu'il feroit poffible de leur percer entre chaque fabord une fenêtre de huit ou neuf pouces
en quarré, dont le jour, percé obliquement, tombe-
roit dans l'entre-pont par un petit écoutillon ouvert:

& de leur ménager, aux dépens de la cale, une honnête hauteur dans l'entrepont ; enfin, on les rendroit aussi commodes & aussi logeables qu'il seroit possible.

Chaque état a son noviciat, & celui-ci ne me paroît pas plus dur que l'année d'épreuve qu'on exige dans un cloître austere, où la fainéantise & un sot aveuglement conduisent tant de jeunes gens séduits. Au reste, il n'est pas d'état où il ne faille se donner de la peine pour acquérir des connoissances, & je soutiens que celles dont je parle, sont aussi essentielles pour former un bon Officier, que celles qu'on se procure, par l'étude, dans le silence du cabinet. Je suis même persuadé que cet exercice, qu'on ne leur laisseroit prendre qu'en proportion de leurs forces, serviroit à développer leur tempéramment. On a dû remarquer que je suppose, avant de les exposer en pleine mer, qu'ils ont acquis dans leur école, à terre & dans le Port, une assez grande habitude monter au haut des mâts & de s'y tenir : je voudrois que durant le temps de

---

en-dedans de la fourure de goutiere. Ce conduit, pratiqué à la fois pour le jour & pour l'air, seroit enveloppé par un tembour de planche qui s'adapteroit d'un bout à l'orifice intérieur du hublot, & par l'autre, à l'ouverture ou écoutillon fait au pont dans l'endroit que j'ai indiqué ; ce qui lui donneroit une forme oblique depuis la muraille jusqu'à l'écoutille ; ce dernier seroit plus large que le hublot ; toutes ces ouvertures serviroient à établir une libre circulation d'air dans l'entre-pont.

ces caravannes on leur donnât une uniforme
approchant de celui du matelot, une espece
d'habit-veste commode, & d'assez peu de
conséquence pour qu'il ne songeassent pas à
le ménager. Je ne vois qu'une difficulté raisonnable à m'offrir, c'est la nourriture ; je
n'y réponds qu'une chose, c'est de la choisir
la plus saine & la meilleure qu'il seroit possible. Dans les circonstances données (1),
le complet de l'armement de ces corvettes
seroit pour les plus petites de quatre-vingts
hommes, de cent & de cent vingt, pour
les plus grandes, distribués comme il suit.

Quatre Officiers, deux Maîtres, deux
Quartiers-Maîtres, huit Gabiers où Nauti-
tilans, quatre Juvenins, un Chirurgien, un
Dépensier, cinq Mousses, deux Domesti-
ques, deux Boulangers, deux Cuisiniers,
deux Aides, quatres Musiciens, un Tambour & quarante Garde-Marines & Aspirants. Sur les corvettes plus grande, il y
auroit soixante ou quatre-vingt, augmentant à proportion le nombre des Officiers
& des gens de service. Ces jeunes gens ne
mangeroient jamais plus de six ensemble,
& il y en auroit toujours quatre ou cinq d'in-

____

(1) Du gruau, du riz, des adaubages au sain-doux,
des légumes marinés, des choux-croutes, des légumes secs, la farine de pommes de terre, enfin autant de viandes fraîches qu'il seroit possible ; on pourroit même pratiquer un endroit dans la cale à mettre
quelques moutons.

vités à la table des Officiers ; ce qui formeroit dans les petites corvettes fix tables , &
dans les grandes , dix à douze tables d'Afpirants ou Garde-Marines.

Ces douze corvettes , ainfi armées , fortiroient , comme nous l'avons dit , tous les
ans à un jour fixe , & après s'être mis fuffifamment au large , elles évolueroient en
préfence des vaiffeaux de ligne : les frégates fe mêleroient parmi ces corvettes , pour
faire nombre , & prendre la place du Chef
dans chaque divifion , faire & répéter les
fignaux. Telle feroit , à mon avis , la meilleure éducation à donner aux jeunes gens
qui entrent dans la carriere maritime ; il
faut la leur femer de quelques épines dans
le commencement , afin qu'ils n'y trouvent
plus enfuite que des rofes. Au refte , ceux
qui s'imagineront que j'expofe trop une jeuneffe précieufe à l'Etat, connoiffent bien
peu le métier de la mer. Si cette partie de
mon plan les affraye , qu'ils jettent les yeux
fur la Suede & le Dannemarck ; dans ces
deux Royaumes , la jeuneffe , qui fe deftine
à la mer , eft forcée à paffer par des épreu-
ves encore plus rudes. Tous les ans deux
frégates fortent de la mer Baltique avec un
équipage compofé , en entier , de la fleur de
la Nobleffe Suédoife & Danoife qui fe dévoue gaiement à des travaux plus confidérables , puifque ces frégates , en raifon de
leur grandeur , ont des manœuvres bien plus
difficiles à mouvoir.

On a vu, dans le Chapitre précédent que j'ai proposé l'établissement de douze Colleges hydrographiques à établir dans des Ports sur la Manche, l'Océan & la Méditérannée, où la jeune roture recevroit une éducation non moins soignée que celle qu'on donne, dans les ports de la Marine, aux Aspirants. Je voudrois que ces Colleges devinssent, en tout, les émules des écoles des ports du Roi, on feroit faire aussi, aux jeunes gens qui y seroient élevés, trois étés de rigoureuse, c'est-à-dire, qu'on les formeroit au grément, à la manœuvre & aux évolutions navales, dans des corvettes entretenues & armées pour chaque College aux frais de l'Amirauté. Comme ces maisons ne seroient pas en nombre suffisant pour contenir tous ceux qui desireroient d'y être admis ; l'impossibilité d'y être reçu, ne formeroit pas un motif d'exclusion pour être employé sur les vaisseaux du Roi, en qualité de Volontaires ; il suffiroit d'un bon certificat d'un des Maîtres d'hydrographie établis ou à établir dans tous les Ports du Royaume, pour se présenter à l'examen. Alors on formeroit deux classes dans les Volontaires ; la premiere seroit composée de ceux qui auroient été instruits dans les Colges & sur les corverttes ; & la seconde, de ceux qui n'auroient que les connoissances théoriques d'hydrographie. Ce seroit parmi les premiers qu'on prendroit de préférence, à mérite égal, les sujets qu'on jugeroit

dignes d'entrer dans la Marine. En ouvrant
cette porte au mérite, je veux qu'il y entre
fans efcorte, c'eft-à-dire, fans recommandation, fans protection, fans appuis, fans
d'autres titres, enfin que la capacité, la
bonne conduite & une naiffance diftinguée.
Mais pour fe former une Marine refpectable, ce n'eft pas affez d'avoir des Officiers
inftruits, appliqués, il faut, autant qu'il
eft poffible, augmenter le nombre des hommes claffés, & fuppléer, en les inftruifant,
aux pertes qu'on en fait tous les jours, &
à la difette qui fe fait fentir tous ans dans les
Départements. On ne fait pas un matelot
avec autant de facilité qu'un foldat; quatre
mois d'inftruction fuffifent à ce dernier, &
le voilà formé : le premier, au contraire,
ne l'eft pas toujours après deux ou trois campagnes de long cours. C'eft donc à la fageffe du Gouvernement à faciliter à celui-ci
les moyens de s'inftruire. La France, par
fa pofition, a autant befoin d'en impofer par
de grandes flottes, que par de nombreufes
armées ; mais par une inconféquence digne
de trouver place au chapitre des contradictions humaines, on s'occupe plus de recruter des foldats que de former des matelots; nos Régiments font complets, &
nos Ports font déferts; enfin, l'efpece la
plus précieufe & la plus rare, eft celle que
l'on néglige : il faut, pour accoutumer fon
tempéramment à la mer, y avoir été de
bonne heure, il faut s'être appliqué long-
temps

temps pour avoir acquis les connoiffances qui conftituent le bon marin. Je voudrois donc que pour faire le pendant du bel éta-bliffement des Ecoles de canonnage, on en inftituât d'autres pour former à la manœu-vre. Ces Ecoles ne feroient pas difpen-dieufes & procureroient de bons matelots. Une vieille flûte, placée dans un endroit écarté du Port, y fuffiroit; de vieux cor-dages & de vieilles voiles, hors de fervice ailleurs, feroient encore ici d'une grande utilité. Tous les étés, depuis le premier de Mai jufqu'au dernier d'Octobre, on y con-duiroit tous les matins une efcouade de cette jeuneffe, que j'ai propofé, dans le Chapitre précédent, d'aller recruter dans les hôpi-taux ; on les choifiroit depuis l'âge de douze ans jufqu'à celui de vingt ; on lui appreu-droit à mâter & démâter cette flûte, la gréer & la dégréer, couper & garnir les manœuvres, les placer, guinder les mâts, enverguer les voiles, les border, les car-guer & ferrer, prendre des ris, toutes les manœuvres enfin, & à mettre le bâtiment, bien amarré, dans un quartier ifolé du Port, auffi en état que fi l'on vouloit l'en fortir, & enfuite le dégréer abfolument. Cet exercice continuel ne ferot pas plutôt fini, qu'on le feroit recommencer, jufqu'à ce qu'ils fuffent tous affez au fait pour faire toutes les manœuvres. Quelques Maîtres entretenus, & quelques Quartiers-Maîtres, feroient chargés de les inftruire. Quand le

nombre que nous avons dit, le feroit parfaitement, on en choifiroit un autre.

Si dans tous les Ports de la Marine de
France, on établiſſoit de femblables écoles,
on verroit s'élever & fe multiplier une pépiniere de jeunes marins. Pour achever leur
éducation, on les diſtribueroit encore fur
des corvettes, depuis feize juſqu'à dix-huit
& vingt canons, qu'on feroit fortir dans
les Rades & dans les environs des Ports,
pour les former à la manœuvre d'un vaiſfeau. Ces corvettes équipées exprès, pour
perfectionner les jeunes Officiers dans les
manœuvres & les évolutions navales, fervi-
roient, en même-temps, à l'inſtruction de
ces jeunes gens; on avanceroit ceux qui montreroient plus de difpoſitions & une plus
grande application, afin de donner de l'é-
mulation aux autres, en les diſtribuant tout
de fuite dans les claſſes des matelots & des
nautilants, fuivant qu'ils en feroient jugés
capables. On leur apprendroit enfin, avec
le plus grand foin, l'exercice du canon,
celui de fufil & le jet de grenades. Je ne
voudrois pas qu'il y eût en France un feul
matelot qui ne fût tirer auſſi bien un coup
de fufil, que le premier foldat du premier
Régiment de France. On m'objectera, peut-
être, ce que j'ai déjà entendu dire à pluſieurs
Officiers de la Marine, que nos équipages,
fur nos vaiſſeaux & frégates, ne font jamais
aſſez nombreux pour qu'on mette des matelots à la mouſqueterie, qu'étant la plupart

employés à fervir les canons, il eſt inutile
de leur montrer à tirer un coup de fuſil ;
que les troupes embarquées, pour le faire,
ſont en ſuffiſante quantité. A la bonne heure !
Mais dans les occaſions d'un abordage,
d'une deſcente, de l'eſcalade d'un Fort,
d'une retraite, & de l'attaque d'un vaiſſeau
que l'on enleve à l'ancre avec ſes bateaux,
on conviendra, avec moi, qu'il eſt eſſentiel
qu'un matelot ſache tirer juſte, & promptement charger ſon fuſil ; & j'avance hardiment que ſur cent, il n'y en a pas vingt
qui ſoient en état de le faire avec la célérité
requiſe. La Bourdonnais, qui en valoit bien
un autre, inſtruiſit tous les équipages de ſon
eſcadre à bien tirer. Auroit-il eu deux mille
cinq cents hommes à faire le ſiege de Ma-
dras, s'il n'avoit pas mis une partie des équipages de ſes vaiſſeaux à groſſir ſa petite armée ? Je le répete encore, il eſt important
qu'un bon matelot ſoit en même temps un
brave ſoldat. Je ne m'arrêterai pas davantage à démontrer ces vérités ; les bons effets dont ces établiſſements ſeroient ſuivis,
ſe précipitent en foule ſous ma plume, qui
ſe refuſe à les écrire, pour paſſer au ſervice
des Ports.

Rien de ſi bien vu, de ſi bien penſé, que
cette nouvelle régie des Ports & Arſénaux
de Marine, établie par l'Ordonnance du 27
Septembre 1776 ; mais comme dans mon
plan, le vaiſſeau confié définitivement à un
ſeul Etat-Major, n'eſt plus ſous la garde ni

la direction immédiate des Officiers du Port ;
il eſt néceſſaire d'y faire quelques changements ; & ſans préambule inutile, voici ceux
que je propoſe. Ils tendent à diminuer, de
beaucoup, ces Officiers ſédentaires, que je
convertis en places de retraites. On fait ici
mention du port de Rochefort, parce qu'on
le juge très-bon pour un Port de conſtruction. En attendant, ſur-tout, qu'on en ait
bâti un dans la Manche.

CONSTRUCTION.

A BREST,

Un Directeur,
Un Sous-Directeur,
Quatre Surveillants.

A TOULON;

Un Directeur,
Un Sous-Directeur,
Deux Surveillants.

A ROCHEFORT;

Un Directeur,
Un Sous-Directeur,
Deux Surveillants.

Ces ſix places de Directeurs & de Sous-
Directeurs, ſeroient occupés par trois Ca-
pitaines de vaiſſeaux, & trois Lieutenants-
Capitaines, retirés du ſervice de mer ; &

celles des Surveillants, le feroient par des Lieutenants ou Adjudants.

ARTILLERIE.

A BREST,

Un Directeur,
Un Sous-Directeur,
Un Major,
Deux Aides-Mojors,
Deux Sous-Aides.

A TOULON,

Un Directeur,
Un Sous-Directeur,
Un Major,
Deux Aides-Majors,
Deux Sous-Aides.

A ROCHEFORT,

Un Directeur,
Un Sous-Directeur,
Un Major,
Un Aide-Major,
Un Sous-Aide (1).

---

(1) Ces places de Sous - Aides - Majors ne feroient pas, dans le vrai, des places de retraites, parce qu'il ne feroit pas néceffaire d'avoir navigué pour les obtenir ; on choifiroit pour les occuper ceux en qui on auroit trouvé plus de talents pour bien difci-pliner une troupe , & ce fervice fédentaire feroit le même dans tous les Ports.

MAJORITÉ.

A BREST,

Un Major-Général,
Deux Aides-Majors.

A TOULON,

Un Major-Général,
Deux Aides-Majors.

A ROCHEFORT,

Un Major-Général,
Un Aide-Major.

De ces vingt-une places, onze, celles de Directeurs & Sous-Directeurs, seroient comme nous venons de le dire, des retraites pour d'anciens Capitaines & Lieutenants-Capitaines ; celles de Majors, pour des Majors, à qui la santé ne permet plus d'aller à la mer ; celles des Aides-Majors & Sous-Aides-Majors de l'Artillerie, seroient données aux talents & à la capacité, parce que l'activité de ces places exige un continuel exercice, & des hommes en état d'agir. Enfin les Majorités & Aides-Majorités de la Marine, seroient encore occupées par des Capitaines & des Majors.

LE PORT.

A BREST,

Un Directeur,

(195)

Un Sous-Directeur ,.
Quatre Aides.

A TOULON,.

Un Directeur ,
Un Sous-Directeur ,
Deux Aides.

A ROCHEFORT.
Un Sous-Directeur ,.
Deux Aides.

De tous temps, le fervice des Officiers de
Ports, m'a toujours paru très-ridicule. Que
fignifie d'abord cette fotte diftinction entre un Officier de port & un Officier de la Marine ? Ce n'eft qu'un prétexte à l'orgueil de
ces derniers. Il vient d'élever, dans l'Ordonnance déjà citée, une barriere infurmontable
entr'eux, & les premiers. Il a fermé à jamais
cette porte bâtarde qui avoit cependant
fervi à introduire quelques bons fujets ;
mon intention n'eft pas de la rouvrir; mais
fi j'en défaprouve l'emploi, ce n'eft pas le
même motif : c'eft que leur fervice, comme
je l'ai déjà dit, me paroit ridicule. Les travaux du Port, qui comprennent les mouvements, amarrage, leftage & déleftage
de tous les bâtiments flottants, ne font pas
dans un port comme Breft, d'une affez grande importance, pour occuper un fi grand
nombre d'Officiers confommés dans le métier. Un Capitaine, un état Major, à qui le

Roi confie la propriété d'un vaisseau , doit être en état de l'entrer dans le port & de le mettre en rade , la mise à l'eau , l'entrée & la sortie du bassin , le tirage à terre, & le mâtement & le démâtement, la carène ; enfin, tous les mouvemens & les manœuvres à faire dans le Port, ne sont pas plus difficiles, & doivent, dans mon plan, s'exécuter sous les yeux des Officiers du vaisseau , aidés des secours du Port. Ce sont ces réflexions qui m'ont déterminé à en diminuer le nombre. Je n'y mets donc qu'un Directeur , qui sera la retraite d'un Capitaine de vaisseau ; un Sous-Directeur , celle d'un Lieutenant-Capitaine ; & quatre Aides de Ports , qui seront des places de récompense pour les Maîtres d'équipages entretenus.

Je regarde donc toutes ces places comme des retraites honorables & avantageuse pour les Officiers de tous les grades , que leur santé ou quelques événements imprévus forcent à quitter la mer ; & qui se sentent encore assez de zele & d'activité pour être utiles à terre. On voit que ces fonctions du service sédentaire, emploie, suivant mon plan , quarante-six Officiers retirés du service de mer, & à qui elles doivent servir de retraite & de récompenses. Si , à ces quarante-six Officiers , employés dans les Arsenaux , on joint ceux que je place dans les Départements , pour surveiller les Commissaires aux classes, on aura

soixante-

foixante-feize places de retraites , dans lef-
quelles un Militaire jouira , en paix , de la
confidération qu'il s'eft acquife dans les
armées navales.

Je vais maintenant fixer les appointements
qu'il convient de donner aux premiers.

Pour huit Directeurs , à chacun.	6000 l.	48,000 l.
Neuf Sous-Directeurs , à	5000	45,000
Huit Surveillants , à	3400	27,200
Trois Majors d'Artillerie , à . . .	4000	12,000
Dix Aides-Majors , à	3000	30,000
Trois Majors-Généraux , à	5600	16,800
Cinq Sous-Aides-Majors , à	1800	9,000
Huit Aides de Port , à	1500	12,000
Total,		200,000 l.

C'eft donc encore 200000 livres qu'il en
coûteroit pour le fervice fédentaire des
Ports ; mais auffi qu'on confidere , que fi
les appointements de ces places font confidérables, il font, ou doivent être la récompenfe de plufieurs années de fervice
bien employées , & le prix d'un travail
quotidien & utile.

Je ne m'arrêterai pas plus long-temps à
démontrer les avantages, fans nombre ,
qui réfulteroient de mon plan, ils fe pré-
fentent en foule à mon imagination; mais
j'ai trop bonne opinion de la fagacité de
mes Lecteurs, pour entreprendre de les
détailler. Puiffent-ils faire adopter les innovations que je propofe!

T

CHAPITRE IX.

De la nourriture des Equipages, de l'emploi des forces navales en temps de paix, & de quelques autres objets d'utilité pour la Marine.

IL me reste à traiter de deux grands objets pour la Marine, la nourriture du matelot, & l'emploi des forces navales en temps de paix. Je rends justice aux intentions du Gouvernement, elles sont droites & pleines d'humanité. En réglant les vivres de la ration du matelot, en quantité suffisante, il a désiré qu'on n'en donnât que de bonne qualité ; mais qu'il y a loin de ses intentions sages & bienfaisantes, à la manière dont elles sont exécutées ! Il seroit plus avantageux, pour l'économie & la santé des hommes de mer, que le Gouvernement, au lieu d'abandonner cette régie lucrative à des Compagnies puissantes & accréditées, qui ne sont pas toujours animées de l'esprit de désintéressement que ces parties exigent, daignât descendre lui-même dans tous ces détails, plus importants qu'on ne croit (1). Je ne

____

(1) *Note de l'Editeur.* Les desirs de l'Auteur ont été remplis en partie depuis que ceci est écrit. Mais s'il étoit dangereux de laisser à la cupidité des compa-

m'arrêterai pas à prouver qu'en général, la nourriture est mal choisie, mal employée & plus mal répartie ; qu'on ne met pas affez de foins dans le choix, de précautions dans l'emploi & la qualité des viandes que l'on fale, ni dans la maniere dont on les apprête. L'intention du Roi, est que fes agents achettent de bon vin ; il est prefque toujours mal fervi ; ce font pour l'ordinaire les vins des qualités les plus inférieurs dont les vivriers fourniffent leurs magafins ; & on les diftribue indiftinétement aux vaiffeaux qui ne quittent pas les mers d'Europe, comme à ceux qui vont au long cours, cette répartition est vicieufe. La fermentation qui fe fait dans les cales des vaiffeaux qui vont dans les pays chauds, altere bientôt la qualité médiocre d'un vin qui fe feroit confervé dans un vaiffeau qui n'auroit pas paffé le tropique. Cette diftinction est fimple, & il est criant qu'on n'y faffe pas plus d'attention.

Le bifcuit, qui fe fait avec les meilleures farines de Bordeaux, est originairement très-bon, mais la crainte d'en manquer, la néceffité d'employer celles qu'on appréhende de voir vieillir, ou qui doivent faire place à celles que l'on fait venir ; le défaut

<hr>

gnies des vivres, un champ trop libre, il ne falloit pas les remplacer avec le defir de s'approprier leurs bénéfices, & les appliquer, au contraire, à l'amélioration des fournitures.

d'emplacements vastes, commodes & bien airés, le manque absolu d'étuves bien construites & suffisantes, oblige à en forcer la quantité au-dessus du besoin du moment, pour profiter d'ailleurs d'un instant où la main-d'œuvre est à bon compte ; toutes ces causes, & bien d'autres, qu'il seroit trop long de déduire, font qu'il se vieillit dans les magasins, s'y gâte ; & si l'on n'est pas en garde contre la surprise, c'est toujours du plus vieux & du plus mauvais qu'on cherche à se débarrasser de préférence ; souvent même on arrache un ordre à l'autorité surprise, qui vous force à le prendre tel qu'il est, & alors le matelot le mange mauvais, ou si l'humanité de ses Chefs s'intéresse pour lui, on le change au premier Port où on relâche, & c'est autant de perdu pour le Roi, dès qu'on est parvenu à le faire embarquer. Quelle indignité !

Il est encore un autre abus de la répartition, que je désaprouve, c'est de ne pas faire consommer, dans les Rades, une partie des vivres embarqués pour la campagne, sous le prétexte spécieux que l'armement doit toujours être complet ; il arrive delà, qu'un long séjour, en Rade, les détériore considérablement ; & on croit ensuite partir avec de bons vivres, quand on en n'a que de mauvais. Une partie donc des viandes salées les plus anciennes, le biscuit le plus vieux, le vin, le fromage,

& les autres menues provifions doivent fe
confommer. Le vin journellement , le bifcuit trois , & la viande un repas dans la
femaine. Au moment du départ , on remplace ces confommations par des vivres
frais , & toujours meilleurs que ceux qui
ont féjourné dans la cale des vaiffeaux.

Ne feroit-il pas à défirer qu'on écartât
du bord , par le moyen d'une efpece de galerie d'un pied & demi de large , les cloifons des foutes à pain des frégates ? on éviteroit deux grands inconvénients. L'humidité qui filtre à travers les murailles d'un
bâtiment , & pourrit le bifcuit , & la perte
entiere d'une foute de pain , lorfqu'elle fe
trouve percée à l'eau d'un boulet du moindre calibre ; on prendroit, fur la longueur ,
le terrein qu'on perdroit fur la largeur.
Je trouve qu'en général, on ne varie point
affez la nourriture des gens de mer , &
qu'on ne fait pas affez d'ufage des reffources
que la fertilité de notre fol peut nous procurer dans tous les genres. Pourquoi rejette-
t-on celui des choux-croûtes ? C'eft une fi
bonne nourriture , c'eft un fi bon légume à
mettre dans la foupe des Matelots ? Pourquoi ne pas adopter le puding des Anglais ?
Les farineux employés ainfi , font fi bons ,
fi nourriffants ! Pour en faciliter la prépa-
ration , je voudrois qu'on tentât un effai.
Au lieu d'embarquer les légumes en nature, comme pois , feves , fayots , gourgan-
nes , qui tiennent tant de place , fe durcif-

font , font piqués des vers , ne cuifent jamais bien , & deviennent une nourriture
défagréable & mal-faine ? Ne pourroit-on
pas trouver un moyen , & d'en embarquer
la farine bien tamifée , bien preffée , & bien
étuvée dans de petits barils de la moitié
moins grands des quarts où ont met celle
de froment. On en diftribueroit une certaine quantité à chaque homme , ou pour
mieux dire , chaque plat , des petits chau-
drons , & on mettroit dans la grande ,
pour le refte de l'équipage , une quantité
de cette farine proportionnée au nombres
d'hommes qui y vient tremper fa foupe ,
qu'elle épaifliroit , en la rendant plus nour-
riflante.

Il ne faut pas oublier de dire , en paffant , que les trente Volontaires embarqués
fur un vaiffeau du quatrieme rang , compoferont trois plats ou tables qui auroient chacun leur chaudiere particuliere : & il me
paroît convenable , que des jeunes gens bien
nés foient traités un peu plus favorablement que les gens de l'équipage. Je demanderois qu'on leur abandonnât une petite
foute en avant , pour y renfermer leurs
provifions , & qu'on leur accordât la per-
miffion de placer deux cages fur la dunette.

On prétend qu'on à trouvé le fecret d'empêcher l'eau douce de fe corrompre dans les pieces ou tonneaux dans lefquels on la renferme
au fond de cale, en mettant dans chaque piece

de *deux*, une ou deux fois plein les mains join-
tes de chaux vive tamifée, elle fe dépofe, dit-
on, fur le fond de la piece, que l'on roule
doucement, ce qui tapiffe fes parois intérieurs
d'un fédiment qui empêche l'eau de pénétrer dans les pores du bois. Pourquoi ne
pas fuivre conftamment ce moyen fi fimple
de conferver l'eau douce, & de prévenir
fa corruption; fi cette corruption, ce goût,
cette odeur infecte, eft un des germes du
fcorbut, qui fait périr tant de matelots.

Je voudrois, encore, qu'on fît diftri-
buer de temps en temps aux équipages qui
naviguent fous les climats brûlants de la
Zone Toride, une limonade compofée avec
du vinaigre, ou du citron & de la mélaffe.
Quelques bariques de bon vinaigre, ou
quelques facs de citrons, qui font fi connus dans nos Colonies, qu'ils ne coûtent
que la peine de les cueillir, avec quelques
bariques de mélaffe, qu'on pourroit exiger
en forme d'impôts, fuffiroient à cette confommation, qui feroit un remede & un
préfervatif contre les maladies putrides &
inflammatoires. Pourquoi ne voit-on pas
compter au rang de leur nourriture, fi non
habituelle, du moins fréquente, le riz &
le gruau, qui font deux fubftances fi faines
& fi rafraichiffantes. La feconde eft com-
mune en France, & quand le Gouvernement voudra, les forêts de la Guyanne lui
fourniront la premiere en abondance ? Pourquoi, enfin, ne fait-on pas faire, aux équi-

pages, une consommation journalière de moutarde, dès que c'est un bon antiscorbutique? La Bourdonnais, que j'aime à citer, parce qu'il avoit un génie plein de ressources; la Bourdonnais, dis-je, suppléa admirablement bien aux vivres qui lui manquoient dans la traversée de l'Isle de France aux Indes, en faisant distribuer, aux équipages de son escadre, du café cuit à pleine chaudiere, pour humecter du riz cuit de même, qu'il leur donnoit à déjeuné. C'est un fait que j'ai entendu raconter à plusieurs anciens Officiers de la Compagnie des Indes. La nécessité d'une meilleure régie, dans l'administration des vivres, est suffisamment démontrée; passons à un autre objet.

Expéditions dans le Nord.

L'emploi des forces navales, en temps de paix, doit avoir plusieurs principaux motifs. Accorder de la protection & de l'encouragement au commerce; tenir en exercice un corps nombreux d'Officiers, à qui un long séjour, à terre, feroit perdre l'habitude de la mer; ajouter à son expérience, & lui fournir les moyens de perfectionner ses connoissances. Il feroit, en effet, inutile d'entretenir à quatre-vingt, ou de faire monter à quatre-vingt-dix le nombre de nos vaisseaux de lignes, pour les laisser pourrir dans nos Ports. Je dis donc qu'il est absolument indispensable d'en

avoir toujours un tiers armé, c'est, dans
ma suppofition, trente vaiffeaux & vingt
frégates qu'on employeroit à promener fans
ceffe, & à faire refpecter notre pavillon,
à foutenir & à aider nos échanges dans
tout le Monde connu ; à vifiter & à protéger nos Colonies ; à faire de nouvelles découvertes, ou à perfectionner les anciennes.
Je vais fuppofer un moment, que le Port
que l'on projette dans la Manche, eft
achevé, j'en fais un nouveau département,
& j'y place à demeure quinze vaiffeaux de
lignes ; trois du premier rang que je prends
à Breft ; trois du fecond, que je prends à
Toulon ; fept du troifieme rang, & deux
quatrieme, que j'ôte encore du port de
Breft, ce qui réduit ce dernier à quarante-
huit vaiffeaux, & celui de Toulon à vingt-
fept. L'un armeroit donc tous les ans feize
vaiffeaux, l'autre neuf, & le port de la
Manche cinq. Ils feroient envoyés, ces
cinq derniers, dans toutes les mers du
Nord, avec deux frégates & trois corvettes ; ils fortiroient en Juin., pour rentrer
à la fin de Septembre.

Aux Antilles.

Les feize de Breft, formeroient cinq di-
vifions ; la premiere, de quatre vaiffeaux
& deux frégates, qui partiroient en Septembre, pour aller aux ifles du Vent ; où
ils arriveroient dans les premiers jours de

Novembre, y féjourneroient jufqu'au premier Mars, d'où ils partiroient enfuite pour fe rendre à Sant-Domingue.

Aux Indes.

La feconde, de trois & deux frégates, feroit expédiée, pour l'ifle de France, dans les premiers jours d'Octobre, elle y feroit arrivée, en comprenant le temps de fa relâche au Cap de Bonne-Efpérance, dans le commencement de Mars ; un mois ou deux lui fuffiroient, dans cette Ifle, pour fe rafraîchir & faire fon eau, les vivres & fon bois ; elle partiroit donc pour l'Inde au commencement de Mars & de Juin ; elle féjourneroit trois ou quatre mois à la côte de Coromandel, & en partiroit à la fin de Septembre, pour en aller paffer trois à la côte Malabar, qu'elle quitteroit pour faire fon retour à l'ifle de France, le premier de Janvier au plus tard, d'où elle mettroit, enfin, à la voile pour l'Europe, en paffant par l'Afcenfion, dans les premiers jours de Mars, pour arriver en France, en Juillet.

Aux Antilles & à la Guyanne.

La troifieme divifion, compofée de trois vaiffeaux, deux frégates & deux corvettes, deftinée à remplacer la premiere, partie pour les ifles du Vent, partiroit dans le courant de Novembre pour la Guyanne,

(dans un Port ou Etablissement situé dans le fleuve des Amazones.) d'où, après quelques mois de séjour, elle appareilleroit pour aller aux isles du Vent, & y arriver un peu avant, ou peu après le départ de la précédente, pour les isles sous le Vent. Celle-ci après quatre mois de séjour dans les différents ports de Saint-Domingue, en partiroit pour aller dans les Ports des Etats-Unis, dans le commencement de Juillet, & y séjourneroit jusqu'au premier d'Octobre, qu'elle feroit son retour en France.

A la côte des Etats-Unis.

La quatrieme division, de trois vaisseaux, deux frégates & deux corvettes, mettroit à la voile dans les premiers jours d'Avril, pour aller montrer notre pavillon sur les côtes du Sud & du Nord des Etats-Unis, & sur celle de Terre-neuve, protéger & le commerce & la pêche, & faire son retour à-peu-près au même temps que les bâtiments pêcheurs.

Sur les côtes de France.

La cinquieme division, formée de trois vaisseaux & trois frégates, resteroit tout l'été sur nos côtes, pour protéger les petites corvettes d'évolutions.

Aux Antilles.

Nous avons laissé aux isles du Vent les vaisseaux, frégates, & corvettes de la troisieme division, qui y sont venus relever ceux de la premiere; achevons leur campagne après un séjour de quatre mois dans ces Colonies, ils en partiroient avant l'hivernage pour faire directement leur retour en France.

Dans la Mer Méditerannée.

Les neuf vaisseaux de Toulon, avec trois frégates & trois corvettes se disperseroient en trois divisions, en Italie, dans l'Archipel & sur les côtes de la Barbarie, partant & rentrant à des temps fixes, & à des époques différentes.

En découverte, & à la côte de Guinée.

Il reste encore quatre frégates que l'on enverroit alternativement au Sénégal & à la côte d'Afrique, pour y faire respecter le commerce & le pavillon Français, & en découverte, ou en message. Au reste, toutes ces époques ne sont fixées ici que pour se faire entendre, on sent que les circonstances, les vents & mille événements qu'on ne peut prévoir, contribueroient à les varier, en les retardant ou en les avançant.

Ces armements fixes , annuels & réguliers tiendroient perpétuellement notre Marine en haleine , en impoſeroient à nos ennemis , qui ſeroient toujours ſûrs de nous trouver prêts à repouſſer les inſultes de l'envie ou de la haine , & à maintenir par-tout nos droits & nos prérogatives. Ils établiroient , dans le ſervice , une régularité avantageuſe à la fourniture des vivres , aux conſommations & aux levées de matelots ; de maniere qu'aux premieres apparences d'une rupture , en doublant ſes efforts , le Gouvernement ſe trouveroit tout d'un coup en état de faire face par-tout à la fois , de déployer toute ſa puiſſance , ſans être expoſé aux tâtonnements de l'inexpérience & de la timidité , qui cherche à eſſayer ſes forces avant d'agir efficacement. Ils procureroient encore un grand bien , ces armements réglés , ce ſeroit d'augmenter le nombre des gens de mer dans toutes les profeſſions ; parce que la néceſſité de pourvoir de matelots ces diviſions de la flotte Royale obligeroit le commerce , qui ſe verroit aſſuré d'une protection efficace & périodique , à chercher tous les moyens poſſibles pour ſe procurer des équipages.

Les vaiſſeaux , frégates & corvettes dont je viens de faire mention , emploieroient , ſuivant le calcul que j'ai fait ci-devant , environ douze mille (1) hommes des claſ-

____

(1) On a vu Chapitre ſixieme , que je n'emploie que deux cents quatre-vingt-dix hommes des claſſes ſur un

ſes, c'eſt à-peu-près le cinquieme de ce qu'on en compte en France ; ſuppoſons que le commerce en occupe le double, c'eſt beaucoup, il reſte encore les deux cinquiemes, ſi nous ne diſons pas la moitié, pour la pêche des côtes, le batelage des rivieres, & pour fournir à la perte qui s'en fait tous les ans ; & puis, comme je viens de le dire, un commerce avantageux & lucratif, ſaura bien-tôt ſe procurer des reſſources, & en multiplier l'eſpece.

Je crois qu'il y auroit auſſi un avantage décidé, pour le Commerce & pour la Marine, à ne faire de levée que tous les trois ans, c'eſt-à-dire, que les douze mille hommes appellés, pour la premiere fois, au ſervice du Roi, à des époques différentes, pour éviter la confuſion, y reſteroient trois ans de ſuite, ſeroient employés pendant ce temps à deux ou trois armements conſécutifs, & ſeroient enſuite renvoyés au commerce après avoir été remplacés par d'autres, qui le ſeroient à leur tour, par une troiſieme levée, qui, au bout de trois ans, ſeroit encore relevée par la premiere. On s'attend bien, malheureuſement, que cette derniere ne ſeroit pas entiérement

---

vaiſſeau de ſoixante-quatre, ce qui fait juſte la moitié de ſon équipage. Ainſi, on ne doit pas s'étonner ſi trente vaiſſeaux, vingt frégates, & huit ou dix corvettes, n'en emploient que douze mille au plus ; je ne compte, dans ces douze mille hommes, ni les volontaires, ni peut-être les mouſſes, &c.

compofée des mêmes hommes qui ont paru
la premiere fois au département. La navigation & le commerce maritime confom-
ment bien du monde, & dans une efpace
de fix ans la faux du temps doit en avoir
bien moiffonné. On pourvoiroit à leur remplacement, en prenant fur les deux autres
cinquiemes qui n'auroient pas marché. De
maniere qu'une grande partie, fur neuf
ans, en auroient paffé trois au fervice du
Roi, & fix au commerce.

Pour diminuer, & en même temps anéantir, s'il eft poffible, l'éloignement & la
répugnance que prefque tous témoignent
pour le fervice, aux avantages que nous
avons déjà tâché de leur procurer, ajou-
tons des motifs d'émulation, établiffons des
diftinctions qui puiffent faire germer en
eux un efprit de fageffe, d'ambition &
d'activité. Je voudrois donc qu'un matelot
novice, ou juvenin, qui fe feroit comporté
avec fageffe, qui auroit montré de la bonne
volonté, du zele & de l'intelligence, pendant les trois premieres années de fon fervice, remportât, en allant au commerce,
des preuves authentiques de fa bonne conduite, qui lui ferviffent de recommandation. En conféquence, je defirerois que
tout bon fujet, parvenu au titre de matelot, fût diftingué par un ancre brodé en
faux or fur le revers gauche. Si, pendant
fon abfence & les trois autres années de
fervice, fa conduite ne s'étoit pas démen-

tie , on ajouteroit , à la premiere ancre ; une feconde , les deux brodées en fautoir ; enfin , en le congédiant pour la troifieme fois , s'il avoit continué à fe bien comporter , fi fa fcience , dans le métier , égaloit fa conduite & fes mœurs , il feroit fait nautilant ou gabier , & obtiendroit le médaillon , qui repréfenteroit deux ancres en fautoir. Si fon âge , fa fanté lui permettoient de reparoître encore une quatrieme fois au fervice , alors il obtiendroit la vétérance , & fon médaillon feroit furmonté d'une couronne , & fa folde augmentée. Chaque ancre apporteroit , avec une augmentation de vingt fous par mois , le médaillon d'un écu & la vétérance de fix livres. Ces diftinctions , cette vétérance , ce médaillon feroient la fource de mille avantages précieux , & feroit germer , dans la claffe des hommes la moins ménagée & la plus néceffaire , toutes les vertus du patriotifme.

Enfin , pour habituer le matelot à tous les climats , lui faire connoître toutes les côtes que le commerce fréquente & vivifie , proportionner fon fervice à la durée de fon engagement , il faudroit avoir une fcrupuleufe attention à ne pas employer deux fois de fuite les équipages aux voyages les plus longs , comme ceux de l'Inde ou de l'Amérique , & avoir foin de leur donner , au retour de chaque campagne , un congé de délaffement. Entrons , pour nous faire entendre , dans quelques détails. On a vu que

la division de la Manche , qui iroit parcourir , en fe féparant en deux , la Baltique &
& les mers du nord de l'Europe , rentreroit
à la fin de Septembre , ou au commencement
d'Octobre ; or , pour les intérêts des gens
de mer , comme pour les avantages de la
population , on permettroit à la moitié des
volontaires , novices , maiſtrances , matelots
& autres gens claſſés , de partir au mois de
Novembre pour aller chez eux voir leurs
femmes ou en prendre , avec ordre de ſe
trouver au Département , au premier Février , pour relever l'autre moitié qui iroit ,
à ſon tour , ſe repoſer dans ſa famille juſqu'au premier de Mai , qu'il ſe rendroit au
Département pour reprendre la mer en
Juin , & ainſi de ſuite. Mais c'eſt ſur-tout
à Breſt , où la recommandation que je viens
de faire , trouve plus en entier ſon application. On a vu que nous deſtinons les ſeize
vaiſſeaux qu'on doit y armer tous les ans ,
à faire , en cinq différentes diviſions , des
campagnes plus ou moins longues. Les unes
partent pour ſix , huit & dix mois ; & les
autres , pour un an , quinze , & même plus
de vingt mois. On a vu auſſi que nous impo-
ſons la néceſſité aux matelots envoyés au
ſervice du Roi , d'y reſter trois années con-
ſécutives pour en avoir ſix de ſuite à donner
au commerce ; il faut donc combiner tellement ce temps limité , avec celui que les
voyages que l'on propoſe exigent , & celui
que les climats des contrées , qu'on va par-

V

courir, force à préférer ; de maniere que
l'équipage, qui arrive d'une campagne longue ou pénible, après un délassement nécessaire, puisse en entreprendre un autre qui
soit à peu-près la mesure du terme que son
engagement prescrit pour sa retraite. Il faut
enfin que le matelot qui a été sous les climats chauds, humides & mal-sains de la
Zone Torride, parte ensuite pour les climats froids & secs du nord de l'Europe, ou
de l'Amérique, ou reste dans les climats
tempérés de nos côtes. Un coup d'œil sur
le tableau suivant, où on suppose déjà mon
syftême établi & les expéditions ordonnées
pour l'année 1782, nous fera beaucoup
mieux comprendre qu'une explication pro-
lixe & deux pages de répétitions fatiguan-
tes.

Je sens que les dépenses de ces armements
font effrayantes ; mais qu'on fasse attention
que c'est le seul moyen d'exercer la Marine
dont je viens d'esquisser le tableau ; c'est,
en un mot, l'unique façon de lui assurer
cette puissance permanente, cette consis-
tance solide, sans laquelle tous nos efforts
actuels font inutiles, & nos dépenses mo-
mentanées, minuties. Quand les finances
du Royaume seront bien administrées ; quand
l'on saura faire usage de toutes les ressources qu'un sage Gouvernement aura su faire
éclore ; quand on ne mettra plus d'entraves
au commerce & à l'industrie ; quand on les
protégera contre les vexations des Trai-

Tableau des Expéditions annuelles, proposées pour le Port de Brest.

PREMIERE DIVISION.	DEUXIEME DIVISION.	TROISIEME DIVISION.	QUATRIEME DIVISION.	CINQUIEME DIVISION.
Aux Antilles & aux Etats-Unis. *Premiere Campagne.*	A l'Isle-de-France, & dans l'Inde. *Premiere Campagne.*	A la Guyanne & aux Antilles. *Premiere Campagne.*	Au nord de l'Amérique & à Terre-Neuve. *Premiere Campagne.*	Aux côtes de France, en évolution. *Premiere Campagne.*
De 14 mois [D'Août . . . . . . 82 / En Octobre . . . . . 83] 5 mois de repos.	De 22 mois [De Septembre . . . . 82 / En Juillet . . . . . . 84] 4 mois de repos.	De 9 mois [De Novembre . 82 / En Août . . . . . 83] 2 mois de repos.	De 8 mois [De Mars . . . . / En Novembre.] 83 2 mois de repos.	De 6 mois [D'Avril . . . . . / En Octobre . . .] 8 2 mois de repos.
Seconde Compagnie au Nord de l'Amérique. 8 mois [De Mars . . . . . / En Novembre.] 84 5 mois d'intervalle.	Seconde Campagne à Cayenne & aux Antilles. 10 mois [De Décembre . . . . 84 / En Octobre . . . . . 85] 36 mois en totalité.	Seconde Campagne de la côte d'Afrique. 5 mois [De Novembre . . . 83 / En Avril . . . . . 84] 1 mois d'intervalle.	Seconde Campagne à la côte d'Afrique. 6 mois [De Janvier . . / En Juillet . . .] 84 2 mois d'intervalle.	Seconde Campagne dans l'Inde. 20 mois [De Décembre . . . 83 / En Août . . . . . 85] 2 mois d'intervalle.
Troisieme campagne sur les côtes de France. 6 mois [De Mars . . . . . / En Septembre.] 85 38 mois en totalité.		Troisieme campagne sur les côtes, en évolutions. 6 mois [De Mai . . . . . / En Novembre.] 84	Troisieme Campagne aux Antilles & Etats-Unis. 13 mois [D'Octobre . . . . . 84 / En Novembre . . 85] 31 mois en totalité.	Troisieme Campagne à la Guyane & aux Antilles. 9 mois [D'Octobre . . . . . 85 / En Juillet . . . . . 86] 39 mois en totalité.
		Quatrieme Campagne au nord de l'Amérique. 8 mois [De Mars . . . . / En Novembre.] 85		

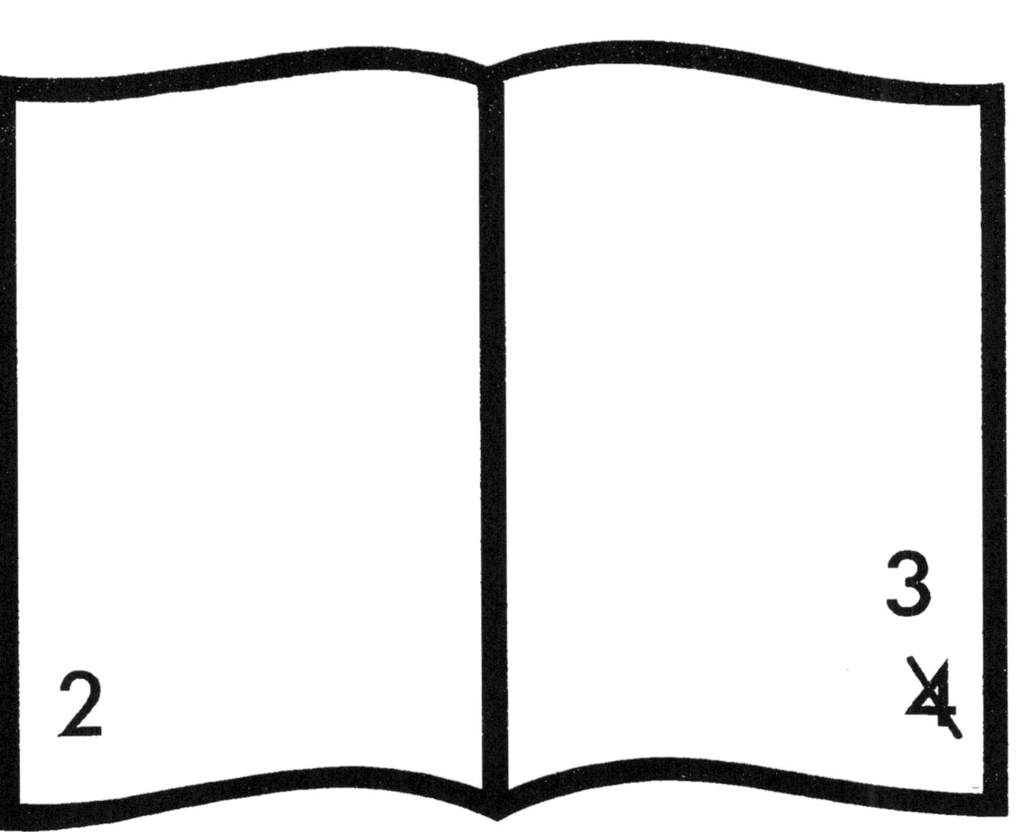

2
3
4

tants ; quand on osera penser, enfin, que l'Eglise, qui possède seule un quart des biens du Royaume, & qui ne supporte pas la vingtieme partie du fardeau des taxes, doit, comme le reste de l'Etat, en payer sa part en proportion des biens dont elle jouit (1) ; quand les impôts seront répartis avec égalité, perçus avec équité, & versés en entier dans les coffres du Souverain, on trouvera, infailliblement, dans un revenu immense, dans une économie bien entendue, portée dans-toutes les branches de l'administration, de quoi entretenir la Marine dans l'état de splendeur où elle doit être, & même de quoi faire encore de plus grands efforts. Il n'y a pas, j'en suis sûr, une seule province du Royaume qui n'offrît, à ce prix, de se cotiser pour payer les dépenses de l'armement & de l'entretien annuel d'un vaisseau de ligne ou d'une frégate ; & quand on ne parviendroit, je suppose, qu'à trouver, par cette voie, de quoi solder ces dépenses du quart ou du tiers des armements

---

(1) Le Clergé paie, à la vérité, une taxe sous le nom de don gratuit ; & comme l'on sait, c'est la partie la plus utile & la plus pauvre de l'Eglise, les Curés qui paient cette taxe : mais pourquoi cette différence, & cette inégalité de contribution, entre les citoyens d'un même état ? Pourquoi ceux qui jouissent des plus grandes prérogatives, & qui sont quelquefois inutiles au bien public, paient-ils moins que le laboureur qui est si nécessaire ? La République de Venise vient de donner des Réglements sur cette matiere qui paroissent faits pour servir d'exemple aux autres Nations de l'Europe.

que je propose, l'Etat ne peut-il pas faire
les frais du reste ? Disons-le , sans crainte
de déplaire. Quand on veut avoir une Marine puissante , il faut s'attendre à lui faire
de grands sacrifices ; ils paroîtront bien
moins considérables, si l'on sépare des fonds
de la Marine , ceux destinés pour les Colonies ; ces deux objets , qui n'ont qu'une même
caisse , devroient être absolument séparés.
Je vais plus loin , la régie , comme les dépenses des Colonies , devroient être détachées du Ministere de la Marine , & confiée à l'habileté d'un nouveau Secretaire d'E-
tat , il y a de quoi l'occuper autant que les
autres.

Puisque ces citadelles flottantes sont si
dispendieuses , employons donc tous nos efforts à les conserver , faisons les durer aussi
long-temps qu'il sera possible. J'ai fait voir
ce que la propreté & les soins assidus d'une
attention active & intéressée peuvent produire ; je vais encore examiner , s'il n'y a
pas d'autres moyens de veiller à leur conservation.

Je vois d'abord , avec étonnement , que
nos forteresses , nos citadelles , les remparts
mêmes de nos villes sont , la plupart , gar-
nis de canons de fonte , tandis que nos vaisseaux gémissent sous le poids énorme d'une
artillerie de fer , moins dispendieuse , à la
vérité , mais infiniment plus pésante & plus
dangéreuse. Je ne vois pas pourquoi nos
vaisseaux du premier & du second rang ne

font pas tous armés de canons de fonte, & pourquoi les batteries de trente-six de nos vaisseaux de soixante-quatorze, & celles de nos plus fortes frégates, ne sont pas toutes fondues de ce métal ? C'est qu'il est infiniment cher, me repondra-t-on, sans doute, s'il falloit s'en procurer à prix d'argent ; mais nous l'avons, il existe, il est trouvé ce métal, il ne reste plus qu'à l'employer. En effet, de quelle utilité directe est à la France cette immense quantité de cloches que l'on voit dans chaque Eglise des villes & de la campagne, dans ces Abbayes, ces couvents d'hommes & de filles aussi multipliés qu'inutiles, à ces Chapelles de Confraires, qui ne devroient pas exister ? Qu'on fasse main-basses sur toutes ces cloches, sur ces *carillons*, produits de l'orgueil & de l'abus des richesses. Ne vaut-il pas mieux en dépouiller les Eglises, que d'arracher la subsistance de l'Artisan & du Manœuvre, que le Traitant vexe plus que l'impôt ne l'appauvrit ? Qu'on s'empare de tous les canons de fonte qui bordent les fortifications de nos Places frontieres, qu'on les remplace par des canons de fer, & qu'on réserve enfin pour la Marine & pour l'Artillerie des armées de terre, la fonte, ce métal précieux, qui n'éclate jamais, & ne produit pas les ravages trop fréquents que le fer occasionne. Il ne s'est pas donné, pour ainsi-dire, dans cette guerre, un seul combat, entre des armées navales, qu'un ou plufieurs canons crévés , n'aient mis hors de combat plus de foixante ou quatre - vingt hommes.

En raffemblant , dans nos arfenaux ma-ritimes, tout ce métal inutile & mal em-ployé ailleurs, on trouvera, j'en fuis fûr , de quoi armer toute la Marine de France , fût-elle du double plus nombreufe que je ne la fuppofe ici. Mais , me dira-t-on encore, les cloches font néceffaires au culte. On ne peut abfolument s'en paffer. A la bonne heure , auffi je ne prétends pas en interdire l'ufage , je ne veux qu'en diminuer la quan-tité. Une cloche ou deux dans chaque clo-cher des Paroiffes, & un timbre pour l'hor-loge , font fuffifants. Je fuis perfuadé que ce n'eft pas exagérer , que de porter à qua-tre vingt mille , au moins , le nombre des cloches groffes ou petites , dont le fon. aigu nous importune. Que d'argent perdu ! Les Prêtres , les Moines, le Clergé , en un mot, va jetter les hauts cris. Je faurai bien les faire taire, & il fera bien heureux, fi je ne lui fais pas payer encore les frais de tranfport & de main-d'œuvre. Ce métal que les Moines tiennent faftueufement fufpendu dans les airs pour nous étourdir d'un vain bruit, & nous faire reffouvenir de leur inu-tilité, eft-il donc fi néceffaire à leur exif-tence ? Que doit penfer, s'il en eft qui penfe, un Artifan laborieux, occupé d'un travail continuel & pénible, lorfqu'il fe voit dif-trait par le fon importun des cloches d'une

riche Abbaye, dont le fort l'a rendu voiſin ?
Ne doit-il pas voir, avec un dépit mêlé
d'indignation, l'indolence & la molleſſe de
dix à douze fainéants, qui, après s'être bien
rempli la panſe, vont pſalmodier de mauvais latin qu'ils n'entendent pas, croupiſ-
ſent dans la pareſſe & regorgent d'abondance ; tandis que lui, pauvre here, forcé,
pour vivre, à un travail journalier, ne le
quitte qu'à regret, pour dévorer un mauvais dîner. S'il fait comparaiſon de ſon ſort
au leur, il ſe demandera, ſans doute,
pourquoi ces gens, ſi peu utiles, ont tant
de bien, & lui, dont le travail eſt nécel-
ſaire, tant de miſere & tant de mal ? Qu'ils
vivent donc obſcurément dans leurs cloî-
tres, puiſqu'on les y laiſſe en paix, & qu'ils
ceſſent d'avertir le public des heures de
leurs prieres. La matiere de leurs cloches
ſera mieux employée en canons ſur les vaiſſeaux deſtinés à défendre nos côtes, nos
Colonies & notre commerce.

Alléger les vaiſſeaux du poids énorme
d'une artillerie qui les affaiſſe, les ſouſtraire
aux vers rougeurs qui les attaquent, les
préſerver des eaux de pluie qui les pourriſſent, c'eſt ſe mettre dans le cas de les renouveller moins ſouvent. L'entretien de quatre-
vingt ou quatre-vingt-dix vaiſſeaux de ligne
& de ſoixante frégates devient de jour en jour
plus difficile à nos forêts, ſi mal aménagées, déjà même elles ne peuvent plus y
ſuffire, les bois de premiere qualité & de

forts équariſſages , ſont rares , & ſe trouvent à peine dans les Provinces de l'intérieur du Royaume. Pourquoi n'imitons-nous
pas l'Eſpagne qui n'emploie que les bois de
l'iſle d'Encube , dans la conſtruction de ſes
meilleurs vaiſſeaux ? Les vaſtes forêts de
la Guyanne procureront à la France les
mêmes reſſources , quand elle voudra prouver au Portugal qu'il ne poſſede pas la
navigation excluſive du grand fleuve des
Amazones , & que ſes prétentions , ſur la
rive droite de ce fleuve , ſont des chimeres.
L'eſpagne lui permettroit aiſément celle du
fleuve de l'Orénoque , & lui abandonne-
roit , peut-être même , pour un leger équi-
valent , la propriété de ſa rive gauche ,
alors circonſcrivant , dans un terrein limité
& convenable , les Colonies Hollandaiſes ,
elle trouveroit , dans les derrieres de cette
vaſte portion de l'Amérique , toutes les
reſſources que ſes forêts lui refuſent.

Ceux qui ſoutiennent encore que les bois ,
quoique de belles venues , crus en maſſifs
de forêts , ſont trop humides & trop ten-
dres , pour les uſages de la conſtruction ,
deſireront de les voir aménagées , ſuivant le
ſyſtême de M. Pannelier , ou ils demanderont
que le Gouvernement faſſe border ſes grands
chemins , à dix pieds en dehors du foſſé ,
de bons chênes , bien eſpacés , qui , venus
en plein air , auroient la dureté néceſſaire ,
& dont les branches latérales , libres de
s'étendre en tous ſens , donneroient une plus

grande

grande quantité de bois courbe. On ne s'étonnera pas moins de voir quarante lieues de landes entre Bayonne & Bordeaux, condamnées à la stérilité, tandis qu'on pourroit les employer à nous produire des forêts de pin & sapins qui suppléeroient, en partie, au nombre de mâts que nous faisons venir du Nord, à grands frais. Enfin je voudrois que le Gouvernement ne permît pas au commerce des bâtiments de plus grand port que de cinq cents tonneaux ; cette prohibition auroit plusieurs avantages, elle laisseroit plus de ressources à la Marine Royale dans nos futaies, & obligeroit les Négociants Armateurs, à entretenir un plus grand nombre de matelots.

Tous ces objets, d'une utilité directe pour la Marine, sont négligés ou mal connus, parce qu'on ne s'occupe point assez de son importance, ou parce que le désir d'avoir une Marine puissante & redoutable, au lieu d'être constant & réfléchi, n'est jamais que momentané & relatif. Dans le système actuel de l'équilibre de l'Europe, dans la juste opinion que le commerce est à un Etat puissant ce que la circulation du sang est à un corps robuste, il est plus essentiel pour la France d'avoir dix vaisseaux de ligne de plus, bien entretenus, & dix régiments de moins. C'est dans l'entretien de ces vaisseaux, dans les soins vigilants & éclairés, nécessaires leur à conservation, qu'il faut porter la plus scrupuleuse

X

exactitude ; c'eſt d'eux que dépend une ſo-
lide puiſſance : hâtons-nous de le dire, pour
n'avoir plus rien à recommander ſur cet
article ; il ſeroit à déſirer qu'un article de
l'Ordonnance obligeât tous les Capitaines
de vaiſſeaux & frégates , au retour de chaque campagne, de dreſſer un *devis* bien
motivé & bien précis de l'état des réparations à faire à ſon bâtiment, dont un double ſigné de lui & de ſon Etat-Major ,
ſeroit envoyé au Conſeil de Marine , &
l'autre ſeroit remis au commandant du Département; afin que des motifs particuliers
de haine ou d'antipathie , des vengeances ,
des reſſentiments puériles , des accès de
mauvaiſe humeur, ne puſſent arrêter , re-
tarder ou empêcher, au gré de ce Chef ,
le travail de ces réparations indiſpenſables,
dont il ſeroit tenu un Journal exact.

Je ne m'arrêterai pas plus long-temps à
preſcrire les moyens qui doivent tendre à la
proſpérité de la Marine ; je ſuis bien perſuadé que l'intérêt immédiat de Chefs de
chaque vaiſſeau ou frégate, contribuera plus
que toutes mes recommandations , à maintenir ſa ſplendeur , en cherchant à perpétuer leur gloire.

CONCLUSION.

SI tant d'erreurs phyſiques ont aveuglé les nations entieres ; ſi on a ignoré, pendant tant de ſiecles, la direction de l'aimant, la circulation du ſang ; la péſanteur de l'athmoſphere ? Quelles prodigieuſes erreurs les hommes ont-ils dû commettre dans le Gouvernement ? Quand il s'agit d'une loi phyſique, on l'examine du moins ajourd'hui avec quelque partialité, & ce n'eſt pas en recherchant les principes de la nature que la fureur des paſſions, & la néceſſité preſſante de ſe déterminer, aveuglent l'eſprit ; mais en fait de Gouvernement, on n'a été ſouvent conduit que par les paſſions, les préjugés, & le beſoin du moment. Ce ſont là les trois cauſes que la mauvaiſe adminiſtration qui fait le malheur & preſſe la chûte de la Marine actuelle. Ce ſont elles qui ont produit tant de coutumes bizarres, d'Ordonnances contradictoires, d'abus renaiſſants à réformer. La légiſlation politique, dont la Marine eſt une branche eſſentielle, eſt encore un chaos preſque par-tout. Les hommes ſe ſont conduits à l'aventure dans tout ce qui regarde leur vie, leurs biens, comme dans leurs inſtitutions politiques.

Un Auteur célebre a défini le mot abus, un vice attaché à tous les uſages, à toutes

les loix, à toutes les inftitutions humaines.
Le détail n'en pourroit être contenu, dit-il,
dans aucune bibliothéque. Les abus gouvernent les Etats. *Maximus ille eft qui minimus
urgetur.* Cette maxime eft bien vraie. Heureux, fans doute, heureux celui qui eft le
moins atteint. Mais de tous les abus les plus
dangereux, les plus difficiles à déraciner,
à détruire, font ceux qui tiennent à l'opinion. En parcourant toutes les branches de
l'adminiftration maritime, j'en ai trouvé
plufieurs qui prennent leur fource dans une
vieille habitude confacrée par le temps.
Les ufages qui paroiffent, aux yeux des
gens les moins prévenus, plus ou moins
ridicules, obtiennent, par leur antiquité,
de la multitude, un refpect, qui eft d'autant plus durable qu'il n'eft pas réfléchi.
Cette opiniâtreté religieufe n'eft pas cependant la plus difficile à vaincre. On doit
s'attendre à éprouver bien plus d'obftacles
des abus que les préjugés & l'amour-propre d'un corps fe croient intéreffés à foutenir. De ce nombre eft, fur-tout, la divifion que je propofe. Elle excitera, je
l'ai déja dit, une clameur générale. La
Marine eft trop adroite pour exprimer fes
vrais motifs, elle fe gardera bien de fe plaindre de la perte de fon influence, & de pa-
roître regretter le fyftême d'unité qu'elle
a formé avec tant de peines, qu'elle chérit
plus que la plus précieufe de fes prérogatives, comme celui, enfin, qui conftitue fa

force & fa réfiftance contre les entreprifes de l'autorité. Elle criera fi haut, elle s'emportera fi fort contre un projet qui la lie, fous une forme nouvelle, à la diftinée des vaiffeaux, qu'elle fera croire aux gens, qui jugent de tout, fans examiner rien, que changer fon exiftence, c'eft la détruire, & qu'innover dans ce corps, c'eft le conduire à une deftruction prochaine ; enfin il ne tiendra pas à elle que l'Auteur de ce projet ne paffe pour un vifionnaire, & bien loin de fouffrir qu'on admette une réforme utile, elle finira par perfuader aux oififs fuperficiels, qui la condamnent ou l'approuvent fuivant les difpofitions du moment, que fa conftitution eft la meilleure qu'elle puiffe être, & que les abus qui s'y font gliffés doivent paroitre non-feulement irréformables, mais même utiles ; & en effet, on eft fi accoutumé à leur inconféquence, qu'on ne la fent plus. Les préjugés qui la gouvernent femblent éternels ; & cependant un mot, un feul mot du Monarque, peut les anéantir. Ne nous laffons donc pas de répéter qu'un Etat ferme peut tout faire, tout corriger ; que le grand défaut de prefque tous ceux qui gouvernent, eft de n'avoir que des demi-volontés & des demi-moyens. Si *Pierre le Grand* n'avoit pas voulu fortement, deux mille lieues de pays feroient encore barbares.

On fe demande, tous les jours, comment donner de l'eau dans *Paris* à tente mille maifons qui en manquent ? Comment payer les dettes de l'Etat ? Comment fe fouftraire à la tyrannie réitéré d'une Puiffance, & à laquelle on paie en tribut les premiers fruits ? Ofez le vouloir, ofez l'entreprendre, & vous en viendrez à bout plus aifément que vous n'avez extirpé les Jéfuites, & purgé le théâtre de petits-maîtres.

Après l'emploi d'une autorité directe, il refte deux autres moyens politiques, c'eft d'attaquer les abus qu'on veut détruire avec la verge du ridicule ; on le charme de la perfuafion. Un des grands moyens, fans doute, d'affoiblir, de diminuer les préjugés, c'eft d'abandonner cette maladie de l'efprit, au régime de la raifon qui éclaire lentement, mais infailliblement les hommes. Cette raifon, quand on veut l'écouter, eft fi douce, fi fage ; elle infpire l'indulgence, elle étouffe la difcorde, elle fait taire les prétentions de l'amour-propre, elle affermit la vertu, elle rend aimable l'obéiffance aux loix, l'accompliffement des devoirs, plus encore que la force de l'autorité ne fait les maintenir. C'eft à cette raifon perfuafive, éclairée des lumieres de la philofophie, à feconder les efforts du Gourvernement, à donner l'exemple de la docilité aux intentions du légiflateur. Malheureufement les hommes, pour la plupart, entêtés dans leurs opinions, entraînés par une aveugle prévention, conduits par des

intérêts souvent oppofés au bien général,
fe roidiffent contre les infinuations d'une
fage politique , & forcent le Souverain,
dont la volonté eft conftante, à employer
fon autorité pour faire ployer des volontés
trop oppofées à la fcience, & prefque toujours ce n'eft pas pour leur plus grand bien.
Soit qu'il ufe de la contrainte ou d'une voie
plus douce, fon devoir l'oblige à bien examiner le génie & le caractere de fon peuple , comme un pere obferve celui de fes
enfants , & d'y adapter les principes de
fon adminiftration. Leur bonté confifte à
contenir également toutes les profeffions de
l'Etat Il ne doit pas fouffrir ces élans d'un
amour-propre ridicule qui fait qu'un Corps
fe prife trop au-delà de ce qu'il vaut : la
corruption, le délire eft au comble , quand
ce n'eft pas fur des fervices rendus à l'Etat,
fur des actions de bravoure , & fur l'eftime
qu'il a fu infpirer à fes concitoyens , qu'il
fonde cet orgueil toujours déplacé. La hauteur qu'on reproche à la Marine ne s'appuie
malheureufement fur aucun de ces motifs :
elle prend fa fource dans la vanité des diftinctions attachées à la naiffance ; & cette
petiteffe d'efprit, qui la rend fi exclufive ,
eft le plus grand des défauts qu'on lui con-
connoiffe.

On ne fauroit trop répéter auffi qu'un
Corps dont le fervice eft fi pénible , dont
l'activité eft accompagnée de tant de défagréments , de tant de privations , qui fe

dévoue si généreusement à des fatigues continuelles, à des dangers toujours renaissants, doit avoir dans sa constitution des vices bien essentiels, des préjugés bien rebutants, pour être sans cesse en but à la haine ; disons plus, à l'indignation de toutes les autres classes de citoyens, & pour qu'on ne lui tienne aucun compte des sacrifices étonnants qu'il fait à la patrie. Ses prétentions, plus étonnantes encore, sont cause de cette injustice, de cette réprobation générale. Il faut avoir l'équité d'en convenir, si l'orgueil intolérant de la Marine, plus encore que les graces que le Gouvernement verse sur elle à grands flots, excite contre elle la jalousie, la haine, & l'envie des autres Corps, en avouant que c'est un peu sa faute, & que plus on lui accorde de récompenses, plus on lui impose l'obligation de les mériter, & de les recevoir d'un ton modeste. Il faut aussi convenir, avec tous les gens de sang froid, qu'il est bien désagréable pour elle d'être jugée par des ignorants, pour la plupart, qui n'entendent rien au métier de la mer, ou qui ne voient rien d'impossible quand il s'agit de lui trouver des torts ; par des gens, enfin, qui n'ayant aucune connoissance des lieux où elle a éprouvé des revers, ou des difficultés insurmontables, incapables de juger de l'étendue & de la valeur de ses moyens, dissimulent, par une mauvaise foi marquée ou une inconséquence ridicule , une partie de ceux qui lui étoient oppofés , jugent fa conduite avec un ton tranchant , une févérité excitée par une jaloufie fecrette , qu'ils n'auroient pas même pour nos ennemis. C'eft un malheur, & un malheur inévitable pour la Marine. Tant qu'elle perfiftera , ou que le Gouvernement perfiftera pour elle dans ce fyftême d'unité qui conftitue fa force, fon effence rétroactive , & la rend d'autant plus redoutable au-dedans , qu'elle eft plus néceffaire au dehors ; la Nation fe croira toujours en droit de lui demander compte des efforts qu'elle n'a pas tenté, & de la rendre refponfable des fautes de fes Généraux , qui font plus fouvent les fiennes. La Marine n'a pas affez fenti, en adoptant ce fyftême d'unité , qu'on reprochera à tous, la mauvaife volonté des uns, la mal-adreffe des autres, l'infubordination de ceux-ci, l'ignorance ou la lâcheté de ceux-là ; & qu'enfin les fauffes manœuvres d'un feul vaiffeau, la honte de fa défaite, rejailliront fur le Corps entier. Elle en a plus d'une fois fupporté l'opprobre ; &, ce qui prouve la néceffité de changer fon efprit, c'eft l'efpece d'infenfibilité qu'elle en a montrée : il a même été un temps, qui n'eft pas éloigné, où dans l'opinion publique c'étoit un titre favorable pour les talents d'un Officier, que la haine de fes camarades, tant on fuppofoit d'injuftice dans leurs préjugés.

Nous le difons hardiment , parce que

nous vivons heureufement dans un fiecle où la recherche de la vérité eft permife dans tous les genres. Nulle confidération particuliere ne doit empêcher d'examiner cette vérité , toujours précieufe aux hommes jufques dans les chofes indifférentes. Un Corps militaire , un grand homme appartient à la Nation entiere ; il eft comme un de ces monuments publics, expofés aux yeux & aux jugements de tous les hommes. Je ne fais donc qu'ufer du droit naturel que nous avons tous , d'expliquer librement notre penfée ; & fi j'ai propofé mes idées fur la conftitution de la Marine, c'eft en la confidérant comme un établiffement politique. J'infifte fur la néceffité de le changer, de le défunir , & de le réfondre entiérement. J'en ai démontré la maniere ; j'en ai fait fentir l'utilité. Je ne me permettrai plus que cette réflexion : Qu'on affemble tous le Généraux qui fe font montrés à la tête de nos armées navales , ou qui afpirent à cette dangereufe prééminence ; qu'on les fomme de répondre avec une franchife dégagée de tout efprit de Corps, éloignée de tout ménagement, & qu'on leur demande s'ils aimeroient mieux commander à des armées navales, conftituées fuivant mes principes , qu'à celles que l'on équipe aujourd'hui, fuivant ceux d'une vieille routine & d'une complaifance inouie ; & fi leur choix n'eft pas en ma faveur, je confens de paffer pour un imbécille ou un fou.

Les nouvelles difpofitions que je propofe dans cet Effai, ôtent à la Marine tous les défagréments que je viens de décrire ; il eft vrai qu'elles lui font perdre, en même-temps, une confiftance qu'elle chérit prefque autant que fa gloire, & qui eft prefque toujours incompatible avec elle. Il faut donc, pour ainfi dire, lui créer malgré elle une exiftence durable ; il faut lui ménager, fans interruption, de nouvelles reffources ; il faut trouver les moyens de la maintenir dans une fplendeur permanente. Je viens de les indiquer ces moyens ; ils font un peu difpendieux, je l'avoue ; mais on n'aura jamais de Marine qu'on ne foit difpofé à lui faire des facrifices continuels. Pour fubvenir aux frais de l'entretien d'une Marine formidable, la maintenir, en paix comme en guerre, fur un pied toujours refpectable, il ne faut point écouter les confeils d'une timide économie ; il faut diminuer les dépenfes dans les autres parties de l'adminiftration, pour verfer fur celle-ci des fecours abondants, fixés & réitérés. Prenons exemple de nos ennemis, ils ne négligent, ils n'épargnent rien, pour fe ménager les moyens de réfifter par-tout, & faire face à tous à la fois. Qu'on juge de l'étendue des reffources qu'ils s'étoient préparées d'avance, par les moyens étonnants qu'ils déploient aujourd'hui. C'eft l'abondance où ils fe font toujours trouvés, qui les a mis à même de réparer promptement les dommages que

nous leur avons caufés. C'eft la difette de
ces mêmes munitions navales, trop épar-
gnées chez nous, qui leur a plus d'une fois
préparé des fuccès. La Marine anglaife
verroit avec une pitié dédaigneufe les états
d'armements réglés pour nos vaiffeaux dans
leurs campagnes au long cours ; d'où fuit
l'impoffibilité de les biens entretenir, & de
renouveller, auffi fouvent que le fervice
& le befoin l'exigent, les objets néceffaires à leur équipement. La Marine ayant
toujours été envifagée comme un moyen de
puiffance indirecte & relatif, n'a jamais fait
la principale occupation du Gouvernement :
on a toujours manqué de prévoyance à cet
égard. C'eft un reproche que l'on trouve
dans toutes nos annales. Ouvrons l'Hiftoire
du fiecle précédent, interrogeons les Hifto-
riens de celui-ci, nous y verrons la confir-
mation de ce que j'avance. Un des plus cé-
lebres, après avoir fait une énumération
brillante des reffources que la fageffe du
Cardinal de Fleury avoit préparé à Louis
XV, à l'époque trop courte où il paru prendre en main les rênes du Gouvernement,
s'explique en ces termes :

» On fe plaint, (car la vérité ne diffi-
» mule rien, & nous fommes affez grands
» pour avouer ce qui nous manque) on fe
» plaint qu'un feul reffort fe foit rencontré
» foible dans cette vafte & puiffante ma-
» chine fi habilement conduite. Louis XV,
» en prenant à la fois le timon de l'Etat &

» l'épée, ne trouva point dans ſes Ports
» de ces flottes nombreuſes, de ces grands
» établiſſements de Marine qui ſont l'ou-
» vrage du temps. Un effort précipité ne
» peut, en ce genre, ſuppléer en ce qui de-
» mande tant de prévoyance & d'applica-
» tion. Il n'en eſt pas de nos forces marti-
» mes, comme de ces *trirêmes* que les Ro-
» mains apprirent ſi rapidement à conſtruire
» & à gouverner. Un ſeul vaiſſeau de guerre
» eſt un objet plus grand que les flottes qui
» déciderent autrefois, auprès d'*Actium*,
» de l'empire du monde. Tout ce qu'on a pu
» faire (pour le moment,) on l'a fait, nous
» avons armés plus de vaiſſeaux que n'en
» avoit la Hollande, qu'on appelle encore
» *puiſſance maritime;* mais il n'etoit pas poſ-
» ſible d'égaler en peu d'années l'Angle-
» terre, qui, étant ſi peu de choſe ſans l'em-
» pire de la mer, regarde depuis ſi long-
» temps cet empire comme le ſeul fonde-
» ment de ſa puiſſance, & comme l'eſſence
» de ſon Gouvernement. Les hommes réuſ-
» ſiſſent toujours dans ce qui leur eſt abſo-
» lument néceſſaire. Ce qui eſt néceſſaire à
» un Etat, eſt toujouts ce qui en fait la
» force : auſſi la Hollande a ſes navires mar-
» chands; la Grande Bretagne, ſes armées
» navales; & la France ſes armées de terre.»
    C'étoit l'opinion de ce temps, que la
France n'avoit beſoin que de ſes armées de
terre; opinion que [la prompte décadence
de la Marine de Louis XIV avoit établie.

(234)

C'étoit ainsi que pensoit, je l'ai déjà dit,
ce Ministre qui prêtoit la main aux rênes
» du Gouvernement dans le commencement
» de cette guerre de 1742 ; il étoit dans
» cette extrême vieillesse où il ne reste plus
» que deux objets, le moment qui suit, &
» l'éternité. Il avoit su long - temps tenir
» comme enchaîné ces flottes de nos voisins
» toujours prêtes à courir les mers , & à
» s'élever contre nous ». (On a prétendu
que c'étoit en négligeant notre Marine qu'il
avoit su endormir la jalousie de nos rivaux.)
Ses négociations lui avoient » acquis le
» droit d'espérer que ses yeux, prêts à se
» fermer, ne verroient plus la guerre ; mais
» Dieu qui prolonge & retranche à son gré
» nos années, frappa Charles VI avant lui ;
» & cette mort imprévue, comme le sont
» presque tous les événements, fut le signal
» de plus de trois cents mille morts. Enfin,
» la sagesse de ce vieillard respectable, ses
» services , sa douceur, son égalité, son
» désintéressement personnel, méritoient nos
» éloges, & son âge nos excuses. On doit
» croire que s'il avoit pu lire dans l'avenir,
» il auroit ajouté à la puissance de l'Etat ce
» rempart de vaisseaux, cette force qui peut
» se porter à la fois dans les deux hémis-
» pheres. Et que n'auroit-on point exécuté?
» Le Héros aussi admirable qu'infortuné,
» qui aborda seul dans son ancienne patrie,
» qui seul y a formé une armée , qui a gagné
» tant de combats, qui ne s'est affoibli qu'à

» force de vaincre, auroit recueilli lë fruit
» de ſon audace plus qu'humaine ; & ce
» Prince, ſupérieur à *Guſtave-Vaſa*, ayant
» commencé comme lui , auroit fini de
» même.

» Mais enfin, quoique ces grandes reſ-
» ſources nous manquaſſent, notre gloire
» ſe conſerva ſur mer ; tous nos Officiers
» de Marine, combattant avec des forces
» inférieures, firent voir qu'ils euſſent vain-
» cus s'ils en avoient eu d'égales ; notre
» commerce ſouffrit, & ne fut jamais inter-
» rompu ; nos grands établiſſements ſubſiſ-
» terent, & ceux de nos ennemis furent
» renverſés aux extrémités de l'Orient «.

C'eſt que la Marine n'avoit pas encore
manifeſté ces prétentions ſingulieres, cette
jalouſie baſſe & chatouilleuſe qui ne veut
pas reconnoître le mérite qui n'a pas pris
naiſſance chez elle ; c'eſt qu'elle n'avoit
pas encore montré cette répugnance invincible, d'admettre dans ſon Corps & de ſervir ſous des *intrus* ; répugnance à laquelle
elle a quelquefois ſacrifié ſa gloire. . . . .
Arrêtons nous ; tirons le rideau ſur le paſſé ;
mon deſſein n'eſt pas de faire ici la ſatyre
d'un Corps où j'ai long-temps ſervi ; je me
contenterai de dire, en paſſant, que l'eſcadre du Duc d'Auville, chargée d'attaquer
l'Acadie, fut la premiere où l'on remarqua
les funeſtes effets de la méſintelligence &
de la jalouſie entre les chefs & les ſubor-
donnés. L'impunité dont elle fut ſuivie per-

mit à ces idées, si nouvelles & si étranges, de s'accroître & de se développer ; il s'en forma un syſtême suivi, d'après lequel, ce qu'on appelle l'honneur particulier du Corps, ſes avantages, ſes prétentions, ſes préjugés furent maintenus avec trop d'opiniâtreté pour la proſpérité de l'Etat & le véritable intérêt de la Marine. L'inſouciance & la foibleſſe du regne paſſé favoriſerent cet égoïſme audacieux, d'où l'on vit naître bientôt cette indifférence pour le bien de l'Etat, qui gagne encore tous les jours. Enfin, le patriotiſme fut preſqu'étouffé ; & par-tout où la raiſon auroit dû commander, l'habitude & le préjugé firent réſiſtance. Cette inſenſibilité puſillanime augmenta la confiance de nos ennemis ; ils profiterent de nos fautes, de nos bévues ſur terre, de notre mal-adreſſe ſur mer, & ſur-tout de l'orgueil deſpotique de notre Marine. Perſuadés que notre engourdiſſement n'auroit qu'un temps, que le plus petit événement pourroit amener une révolution, ils ſe hâterent de porter leur Marine à un ſi haut point de proſpérité & de ſplendeur, que l'Angleterre, avant cette guerre, ſe croyoit eu état de balancer ſeule, par ſes forces navales, tonte la Marine de l'univers, C'eſt cette confiance préſomptueuſe qui lui a donné, pendant quelque temps le ſceptre des mers. Il eſt vrai que tout contribue dans ſon Gouvernement à favoriſer cette orgueilleuſe prétention.

La

La Nation anglaise, a dit encore avec
raison, Raynal, regarde fa Marine comme
» le rempart de fa fûreté, comme la fource
» de fes richeffe ; c'eft dans la paix, comme
» dans la guerre, le pivot de fes efpé-
» rances, auffi leve-t-elle, & plus volon-
» tiers, & plus promptement, une flotte
» qu'un bataillon. Elle n'épargne aucun
» moyen de dépenfe, aucune reffource de
» politique, pour avoir des hommes de
» mer.

» Les fondements de cette Puiffance fu-
» rent jettés, au milieu du dernier fiecle,
» par ce fameux acte de navigation, qui
» affuroit aux Anglais toutes les produc-
» tions de leur vafte empire, & qui leur
» promettoit une grande partie de celles
» des autres régions. Par cette loi, on fem-
» bloit dire à chaque peuple de ne penfer
» qu'à foi ; cependant cette leçon a été inu-
» tile jufqu'à nos jours, & aucun Gouverne-
» ment ne l'a prife pour regle de fa conduite.
» Il eft poffible que les yeux s'ouvrent & qu'il
» s'ouvre bientôt. » (Si ce moment n'eft pas
venu, il n'eft pas loin.) » Mais la Grande-
» Bretagne aura toujours joui pendant plus
» d'un fiecle des fruits de fa prévoyance, &
» peut-être acquis, dans ce long intervalle,
» affez de force pour perpétuer fes avan-
» tages. »
Sans doute elle s'eft ménagé de grands
moyens. On eft forcé d'avouer qu'elle lutte
avec fuccès contre trois Puiffances conju-

rées contre elle ; mais convenons aussi. que
c'est leur mal-adresse, & le peu d'accord
qu'elles mettent dans la combinaison de leurs
forces, qui ralentit leurs succès, & retardo
la chûte de leur rivale, toujours prête à
profiter habilement de leurs moindres fautes.
Et quelle supériorité l'opinion dominante
en Angleterre, les dispositions du Gouvernement, & l'expérience du Tribunal & de
l'Amirauté, ne lui donnent-elles pas sur ces
Puissances confédérées, dont les opérations
maritimes sont dirigées par des Ministres,
plus absolus, à la vérité, mais bien moins.
versés dans cette partie !

» C'est une vérité bien reconnue aujour-
» d'hui, ajoute le même Auteur, que la ba-
» lance du pouvoir a passé aux Nations mari-
» times. Comme la naure de leurs forces les
» rapprochent de tous les pays qui bordent
» l'Océan, & les différents golphes, il leur
» est possible de faire du bien & du mal à plus
» d'Etats ; elles doivent donc avoir plus d'a-
» liés, plus de considération & d'influence.
» Ces avantages ont frappé plus ou moins
» les Gouvernements que leur situation met-
» toit à portée de les partager, & il n'en
» n'est presque aucun qui n'ait fait plus ou
» moins d'efforts, des efforts plus ou moins.
» heureux, pour y réussir. »

C'est dans le choix de ses efforts, dans.
leur emploi, leur application, leur direction que nous avons fait, & que nous faisons
voir encore tous les jours, notre négligence,

notre entêtement, & notre ineptie. N'est-il
pas étonnant, par exemple, que la construction, cet art si beau, si sublime, que nous
avons tant perfectionné, soit encore assu-
jetti à des régles si variées? Qu'au milieu
des chefs-d'œuvres que nos constructions
ont produit dans tous les temps, l'Architecture navale soit encore enveloppé de tant
de problême à résoudre? Sans être bien
assuré, si c'est la coupe de ses lignes d'eau,
ou la trop grande solidité de sa masse, qui
ajoute ou ôte à la célérité de la marche d'un
vaisseau; pour le rendre plus léger, sans
rien ajouter à ses dispositions pour diviser le
fluide, on le construit foible d'échantillon,
on augmente ses *mailles*, on diminue ses
liaisons, on fait, en un mot, un vaisseau
long & foible, hors d'état de porter son
artillerie, qui *s'arque* avant d'être sorti du
port, & qu'il faut radouber & refondre souvent au retour d'une premiere campagne de
deux ans. N'y a-t-il pas une espece d'inconséquence & de contradiction à considérer le
vaisseau dont on veut calculer le déplacement d'eau, comme un solide rempli de parties homogenes, tandisque pour calculer sa
vîtesse, on s'imagine d'ôter à sa solidité ce
qu'on avoit ajouté à sa masse? Ne seroit-il
pas plus avantageux, pour les progrès de
l'art, de faire naviguer nos Ingénieurs-
Constructeurs? Ils l'ont demandé tant de
fois, & ils sentent, en effet, qu'ils acqué-
reroient, dans une ou plusieurs campagnes,

plus d'idées sur les efforts que les vaisseaux ont à soutenir contre le mauvais temps, la grosse mer, & le poids énorme de leur artillerie, qu'ils ne pourroient en soupçonner dans trente années d'études & d'exercices sédentaires dans un Port. Ils sentiroient bien mieux de quelle importance sont les liaisons; & si malgré les moyens que nous avons proposés plus haut pour augmenter sa force, quelque partie du vaisseau venoit à prendre du jeu, ils verroient à tout moment quel est l'effet de ce jeu, ses progrès, & ses conséquences; & ils jugeroient bien plus sûrement dans l'agitation continuelle de la grosse mer, que dans la situation tranquille de ce vaisseau, dans ce Port ou dans la Rade, des efforts qu'il a dû faire pour vaincre tant de rapport de solidité. Les réparations qu'ils ordonneroient en conséquence, seroient bien mieux combinées. Cependant, comment sont-elles faites, ces réparations ? A la hâte, pour l'ordinaire, avec plus de précipitation, & encore plus de négligence. Chaque Port a son systême, ses usages, sa routine, dont il n'aime point à se départir, on les suit avec une minutieuse exactitude ; ainsi quoiqu'il y ait loin, sans doute, des navires de *horne* à nos vaisseaux actuels, on peut dire, avec Raynal, que l'Architecture navale est encore loin de la perfection, puisqu'il regne tant de variété dans les différents atteliers.

Un autre vice, un autre défaut de la construction, c'est la rentrée, qui devient à la mode. On veut rapprocher, dit - on , les poids du centre de gravité, & on ne s'apper- çoit pas que ceux qui s'en écartent jufqu'à un certain point, dans le fens de la largeur des vaiffeaux, fait l'effet d'un balancier, qui diminue & ralentit les ocillations du roulis. C'eft une obfervation, confirmée par l'expé- rience, que les vaiffeaux, qui ont beaucoup de rentrée, font ceux qui roulent le plus; ils font encore fujets à être démâtés par un coup de vent ou un gros houle, parce que leurs haubans n'ont pas affez de dépattement. Au plus près, quand le vaiffeau obéiffant à l'impulfion d'un mauvais coup de barre, vient au-devant de la lame, un côté qui rentre en talus, lui aide à fauter à bord, tandis qu'une muraille droite la repouffe. En général, on ne fauroit trop le répéter, nos vaiffeaux font trop longs, trop étroits, trop peu liés, & trop foibles d'échantillon. En les retrécif- fant, on cherche encore à donner moins de portée & plus de force aux baux qui les traverfent, il feroit bien plus fimple de rap- procher ceux-ci. Les ponts ne font jamais trop folides pour fupporter une artillerie fi pefante. J'ai remarqué auffi que la plus grande épaiffeur des baux, n'eft pas toujours dans le fens vertical, il font, pour l'ordinaire, plus large dans le plan horifontal, & ce devroit être tout le contraire.

Une autre abfurdité , dans les regles de la routine, fans en avoir d'autres raifons, que l'ufage ; c'eft de vouloir que le beaupré faſſe, avec la prolongée de la quille, un angle de quarante-cinq dégrés, il eſt même des Conſtructeurs qui l'augmentent, cependant le beaupré, dans cette ſituation, eſt trop oblique ; il en réſulte que la mâture eſt mal appuyée, que les focs, dont l'effet, dans les vaiſſeaux longs ſur-tout, eſt ſouvent eſſentiel, devient preſque nul ; & voilà la raiſon de tant d'abordages & de fauſſes manœuvres.

Toutes ces réflexions, & bien d'autres, ont été faites avant moi très-inutilement, parce que chaque Ingénieur-Conſtructenr tient à ſon ſyſtême dont il ne veut pas ſe départir. C'eſt une raiſon de plus pour écouter les fréquentes réclamations du Corps de la Marine, c'eſt le plus intéreſſé à la ſolidité qu'on deſire, c'eſt lui perpétuer, s'il eſt poſſible, les inſtruments de ſa gloire. Croyons-le donc dans tout ce qui ne choque pas ſes préjugés d'orgueil & d'excluſion, il ſent aujourd'hui, mieux que jamais, combien il eſt indiſpenſable de s'inſtruire.

« A meſure que la Marine eſt devenue
» une ſcience, c'a été une néceſſité, dit
» Raynal, qu'elle fût étudiée par ceux qui
» en font profeſſion. On eſt parvenu len-
» tement, mais enfin on eſt parvenu à faire
» comprendre aux Officiers de Marine,
» que ceux qui auroient des idées géné-
» rales fondées ſur des régles de Mathé-
» matiques, auroient une grande ſupério-
» rité ſur ceux qui, n'ayant que des ha-

» bitudes , ne pourroient juger des chofes
» que par leur analogie avec celles qu'ils
» auroient déjà vues. En conféquence, on
» a ouvert des écoles dans tous les Dépar-
» tements ». Les Mathématiques font la
bafe de toutes les connoiffances que les
jeunes gens y reçoivent, ou leur y donne
auffi quelques foibles notions de l'Architecture navale, & d'autres parties auffi importantes. C'eft quelque chofe, mais ce n'eft
pas tout, on a vu plus haut combien cette
inftruction étoit fuffifante. C'eft encore
l'avis du célebre Auteur que je viens de
citer. " Dans un métier , dit-il, où la dif-
» pofition de la mer & des courants , le
» mouvement du vaiffeau , la force & la
» variété du vent, les fréquents accidents
» du feu , la rupture ordinaire des voiles
» & des cordages , cent autres circonftan-
» ces multiplient à l'infini les combinai-
» fons ; où fous le tonnerre du canon &
» au milieu des plus grands dangers , il
» faut prendre fur le champ un parti qui
» décide de la victoire & de la fuite ; où
» les réfolutions doivent être fi rapide ,
» qu'elles paroiffent plutôt l'effet du fenti-
» ment que le fruit de la réflexion ; dans
» une telle profeffion, la théorie la plus
» favante ne fauroit fuffire. Dénuée de ce
» coup fûr & rapide que la pratique feule ,
» & la pratique la plus fuivie , peut don-
» ner, elle perdroit, en méditation , le
» temps de l'action. » En effet, quel eft le

marin le moins verfé dans la pratique de fon art, qui ne fait pas qu'un inftant d'incertitude, dans l'évolution, une diftance mal eftimée ; une manœuvre mal jugée, la viteffe du vaiffeau mal connue, trop ralentie, ou trop accélérée, peuvent occafionner les plus grands défordres & les plus grandes fautes. Il eft donc bien effentiel de connoître à fond les qualités de fon vaiffeau, de favoir les circonftances où il fe montre plus docile aux impreffions de fes voiles & de fon gouvernail, pour avoir preferit à l'efprit les moyens qu'il faut employer pour le guider avec précifion, maîtrifer fa direction & bien régler fes mouvements. Tous les vaiffeaux ne font pas également faciles à conduire, c'eft une obfervation effentielle. Ces connoiffances & bien d'autres, qui font le fruit d'une longue pratique bien moins le réfultat & la réflexion, que de l'habitude, viennent fe placer d'elles-mêmes, &, pour ainfi dire, fans effort, dans la tête d'un marin bien organifé, plus ou moins bien dipofé à les recevoir, & placé dans des circonftances plus ou moins heureufes ; il faut donc que l'expérience acheve l'homme de mer, que l'étude des fciences exactes aura commencé. Oui, fans doute, & il faut convenir que cette réunion, qui ne fe fait qu'à la longue, fera bien plus prompte dans les fujets préparés par les inftructions & les exercices que j'ai propofés au Chapitre huitieme.

· Enfin je ne puis m'empêcher de le dire encore une fois, plus j'envifage, fur toutes les faces, les abus & les inconvénients que j'attaque, l'infenfibilité & le découraragement qui en font la fuite, & plus je m perfuade que le Gouvernement ne trouver**t** jamais que des moyens infuffifants pour y remédier, tant que la forme actuelle d'adminiftrer la Marine, n'éprouvera aucunes des mortifications que j'indique. Cette adminiftration, elle-même, à combien d'abus n'eft-elle pas affujettie ? Que de rapports diverfement compliqués il exifte entre les Départements & le Miniftere. Leur étendue eft effrayante, fi on y joint encore le pefant fardeau de la geftion des Colonies ; & comme toute la force morale & phyfique d'un Miniftre ne fauroit fuffire à une tâche fi immenfe, & à de fi vaftes fujets d'attention, il arrive néceffairement que c'eft] du fond des Bureaux que la Marine eft gouvernée, & felon qu'ils font plus ou moins éclairés, plus ou moins vigilants, (difons-le hardiment) plus ou moins gagnés par la Marine, ce Corps puiffant prend de l'afcendant, accroît fon pouvoir & fon influence, il fe trouve plus à même d'épier fes démarches, d'éventer fes projets, de les barrer, & de les faire échouer à temps quand il les juge contraires à fes intérêts.

De fon côté, le Miniftre, dans une perpétuelle défiance, ramene à lui tous les fils de l'adminiftration ; il fe trouve que

Z

c'eſt dans le lieu même où l'on ne ſait que par des rapports éloignés, où l'on ne croit que ceux que l'on peut concevoir, où l'on n'a jamais le temps d'approfondir, qu'on veut diriger, conduire toute la machine, & ſans s'arrêter à diſcuter des innovations propoſées, on ſuit, par une pente habituelle, des formes anciennes & des uſages routiniers. Enfin, & ceci eſt une réflexion importante, l'on ne peut ſe diſſimuler que le bien n'ait été ſouvent retardé par la défiance & la timidité du Miniſtre qui l'avoit conçu ; & il ne faut pas s'en étonner. Les meilleures inſtitutions ne préſentent, le plus ſouvent, que des difficultés dans le principe, & l'avantage lointain qui en doit réſulter, eſt obſcurci par les critiques, & par les paſſions des hommes.

Quelle différence entre la fatigue impuiſſante d'une telle adminiſtration, & le repos & la tranquillité que pourroit donner un Conſeil de Marine ſagement compoſé ! Auſſi n'eſt-il aucun Miniſtre ſage, qui n'ait déſiré un pareil établiſſement, ſi, trompé par une fauſſe apparence d'autorité, il n'eût pas craint de diminuer ſon pouvoir en le partageant. Au lieu de ſentir, qu'en ramenant à lui une multitude d'affaires au-deſſus de l'attention, des forces & de la meſure du temps d'un ſeul homme, ce n'eſt plus lui qui gouverne, ce ſont ſes Commis ; mais d'un autre côté, ces Commis ravis de leur influence, pour ſe

rendre plus néceſſaires , ne manquent jamais de perſuader au Miniſtre qu'il ne
peut pas ſe détacher de commander à un
ſeul détail , qu'il ne peut pas laiſſer une
ſeule volonté libre , ſans renoncer à ſes
prérogatives , & diminuer ſa conſiſtance ;
comme ſi l'établiſſement de l'ordre & ſon
maintien ne devoit pas être le ſeul but de
toutes les adminiſtrations raiſonnables.

En me faiſant obſerver qu'il n'eſt rien
dans ce monde qui ne ſoit ſoumis à quelque
inconvénient , on me demandera , peut-
être, qui m'a donné le droit, la hardieſſe
de relever les erreurs , les abus qui ſe ſont
gliſſés dans le régime de la Marine, d'attaquer les préjugés , & d'inviter à une réforme néceſſaire. Je répondrai, avec un Ecri-
vain célebre, ſans abuſer de la comparaiſon, que tout homme de génie eſt Magiſ-
trat né de ſa patrie ; il doit l'éclairer , s'il le
peut. Son droit eſt ſon talent. Citoyen obſcur
ou diſtingué , quelque ſoit ſon rang & ſa
naiſſance , & ſon eſprit toujours noble ,
prend ſes titres dans ſes lumieres. Son tribunal eſt ſa Nation entiere, ſon juge eſt le
Public , & non le Deſpote qui ne l'entend
pas, & le Miniſtre qui ne veut pas l'écouter. La ſeule voie qui lui reſte eſt donc
l'impreſſion, puiſqu'il ne pourroit percer
auprès du Trône , & que tout abus qu'on
veut réformer eſt le patrimoine de ceux
qui ont plus de crédit que le Réformateur.
Et puis , ſi mes expreſſions choquent l'amour

propre de quelque particulier, dont j'attaque les préjugés, que m'importe, je n'ai
rien à craindre, j'écris fous un Gouvernement qui appelle les lumieres; & la vérité
ne le bleffera pas, pourvu qu'elle foit utile à
la patrie. Je répéterai donc fans ceffe, avec
franchiffe, que la France eft encore loin
d'avoir perfectionné la conftitution de fa
Marine. Nous avons d'abord marché au
hafard, & à taton, parce qu'on a préféré
une routine qui confacre les erreurs à ces
innovations heureufes qui fecouent l'art &
lui donnent tout fon développement. La
routine conduit les hommes dans prefque
toutes les actions de leur vie; on ne refté-
chit que dans les grandes occafions, &
quand il n'eft plus temps, c'eft ce qui a
produit autant d'erreurs dans le Gouvernement que dans la Philofophie. On me per-
mettra donc de récapituler ici les abus que
je veux détruire en énumérant les moyens
que j'offre pour y parvenir.

Je propofe d'abord un Confeil de Marine, parce qu'il n'y a que cette voie de
rendre ftable & uniforme fon adminiftration, & de diriger, avec plus d'utilité &
de connoiffances, les opérations.

Je divife enfuite ce grand Corps pour diminuer fa puiffance, l'empêcher de réfifter
à l'autorité qui doit le régir, le plier à une
difcipline févere, inflexible, rendre les
fautes perfonnelles, & lui ôter, en les partageant, le defir de les pallier. La nou-

velle forme que je donne aux Etats-Majors , tend à les réunir entr'eux , en les isolant des autres ; & à leur procurer les avantages d'un avancement prompt & mérité.

En confiant la propriété d'un vaisseau ou frégate à chaque Etat-Major , je contribue à sa perfection, en même-temps que je lui assure les soins les plus étudiés , & les plus réfléchis ; j'appelle à sa conservation les secours de tous les préjugés les plus respectables ; je démontre la nécessité d'ajouter à sa liaison , à sa solidité , en cherchant tous les moyens possibles de son séjour plus supportable & moins mal-sain.

En fixant le rang & le nom de chaque vaisseau, j'ajoute à son importance , & j'attache de la considération à ceux qui le monte, en fixant de même le nombre & le rang des Officiers dans chaque Etat-Major ; j'augmente la considération dont ils doivent jouir , & je fais voir en passant qu'on en entretient aujourd'hui beaucoup à ne rien faire ; enfin , j'adoucis leur sort par des semestres qui les reposent , & par l'augmentation de leurs appointements.

Si je montre , en passant , quelque pitié pour l'état désagréable des Officiers auxiliaires actuels , c'est pour faire sentir qu'on n'a pas rempli le but qu'on s'étoit proposé , & que l'on n'en tire pas tout le parti qu'on s'en promettoit en les instituant ; en effet , il est impossible de voir , de sang froid , les humiliations où on les expofe. (Je ne parle pas de ceux qui font déplacés fous cet habit.) L'aviliffement où on les a réduits, eft tel qu'on eft parvenu à les rendre méprifables aux yeux même du matelot & de la *maiftrance.* Quel eft le fujet bien né, & qui fe fent quelque fupériorité, qui voudroit venir s'expofer à des procédés fi choquants ? Et comment le Miniftre a-t-il pu fe perfuaduer que, fans la moindre perfpective affurée, fans autre impulfion qu'un patriotifme, que tout contribue à défoler, à anéantir des hommes diftingués par leurs lumieres, les connoiffances, l'éducation & la naiffance, viendroient en foule ramper dans l'humiliation, pour fe voir toujours, en fous ordres, commandés par des enfants fans expérience & fans capacité.

En traitant de la difcipline & de la police intérieure des vaiffeaux, je fais voir l'infuffifance des Ordonnances, & le ridicule qui confie tous les détails aux feuls *Lieutenants en pied.* Je parle enfuite de l'inhumanité cruelle avec laquelle on traite les levées, la confommation d'hommes qui en eft la fuite. Je démontre qu'on ne peut les tenir propres, bien vêtus, qu'en leur donnant un uniforme ; ce mot feul indique tous les avantages qui en réfulteroient pour le bien du fervice. Enfin, j'infinue le parti qu'on pourroit tirer des Volontaires que nos Corfaires emploient avec tant de fuccès.

Je paſſe enſuite à la formation des équipages, & je conſidere cet objet, ſous un nouveau point de vue. Les Claſſes, leur épuiſement, leur adminiſtration vicieuſe & le deſpotiſme des Commiſſaires m'occupent à leur tour ; j'indique des remedes à tous ces maux, & je cherche les moyens d'augmenter leurs reſſources.

Je propoſe auſſi un nouveau plan d'inſtruction pour les jeunes gens qui ſe dévouent au ſervice de mer, en faiſant ſentir l'inſuffiſance de celui qu'on ſuit, & je ſupprime, avec les places attachées aux différents Ports, le mépris dont on s'efforce de les couvrir.

Enfin, j'ai parlé, en paſſant, de la nourriture des gens de mer, & ſuppoſant mon ſyſtême établi dans tous points, je prouve la néceſſité de tenir la Marine en haleine, en la tierçant par des armements annuels ; cet article de mon projet, fera crier bien haut les partiſans de l'économie ; & ſi le Gouvernement les écoute, il faut qu'il renonce à ſe former une Marine puiſſante, pour la laiſſer s'anéantir en temps de paix.

Il reſte, ſans doûte, encore beaucoup d'autres abus à réformer dans la Marine ; il ſeroit trop long de les détailler tous. Je n'ai parlé que de ceux à qui il eſt plus eſſentiel de remédier, on n'y ſonge cependant pas ; le Miniſtre étaie, comme il peut, la maiſon & laiſſe le ſoin de la rebâtir à ſon ſucceſſeur, qui aura plus de peine encore à en venir à bout.

Puis-je, à préfent, me flatter d'avoir rempli ma tâche? Dois-je croire que j'aie montré les principaux vices de la conftitution actuelle de la Marine, & les moyens d'y remédier? Je le penfe de bonne foi, du moins je me perfuade avoir mis fur la voie une plume plus heureufe & plus éloquente. Si l'on trouve que j'attaque, avec trop de force & d'acharnement, les préjugés, les petiteffes & l'efprit d'un Corps, dont j'ai eu un moment l'honneur de faire une petite partie, qu'on ne croie pas que ce foit de ma part animofité ni reffentiment; c'eft l'impulfion de la vérité, qui m'a fait parler. J'ai connu de bonne heure les vices contre lefquels je déclame aujourd'hui; dès l'inftant que j'ai pu réfléchir, au moment où j'ai commencé ma carriere maritime, je me fuis trouvé à portée d'en voir & d'en fentir les funeftes effets, & quelque éloignement que m'ait caufé cet orgueil jaloux, ce n'eft pas, je le protefte, une injufte récrimination qui m'anime. En bon Citoyen, je ne defire que la réforme, fans laquelle je fuis perfuadé que l'Etat n'atteindra jamais à une profpérité durable.

Je fens que la voix d'un feul eft bien foible pour s'élever au-deffus du tumulte & des cris de tant d'hommes intéreffés à l'étouffer, & afservis aux préjugés d'une aveugle coutume; mais le petit nombre des hommes inftruits m'entendra, & applaudira à mes intentions; & fi ces vérités que j'ai tâ-

ché de développer , & que tant d'obſtacles
éloignent des Rois malgré eux , peuvent
enfin parvenir juſqu'au trône , elles y porteront leurs vœux & les miens. Si le Prince
daigne les accueillir avec bonté , elles pourront être utiles un jour à ſa gloire , & l'é-
quitable poſtérité placera ſon nom au rang
des Monarques les plus éclairés.

C'eſt donc au Public , comme au Gouvernement , que je m'adreſſe , en commu-
niquant mes réflexions ſur le régime actuel
de la Marine. On reconnoît , à la ſimplicité
de mon ſtyle , que je n'ai ni la prétention
d'inſtruire le Public , ni de ſemoncer les
Adminiſtrateurs , chargés d'ordonner & de
diriger les opérations de la Marine. Je dis
ma penſée ſans enthouſiaſme , & j'eſpere
qu'on m'écoutera , parce que je crois avoir
vu le bien , avoir montré le mal , & avoir
indiqué le remede.

Au reſte , quelque ſoit l'accueil qu'on me
prépare , je ne me ſuis point effrayé , ni
des clameurs de l'intérêt , ni des ris de l'inconſéquence ; j'ai encore moins redouté les
perſécutions des préjugés , que la foibleſſe
de mes talents. Raſſuré par la pureté de mes
intentions , j'ai vu , ſans m'étonner , les
difficultés de mon projet. Ainſi Colomb ,
partant pour découvrir un nouveau monde , ne céda point aux premiers murmures
de ſon équipage. J'ai eu ſa hardieſſe , je
n'aurai peut-être pas ſes ſuccès. Mais ſi je
me ſuis égaré , ſi j'ai quelquefois embraſſé

la chimere du mieux poſſible, qu'on m'ex-
cuſe & qu'on me pardonne. Le délire d'un
citoyen qui rêve au bonheur de ſa patrie,
a quelque choſe de reſpectable.

Profondément affecté des maux ſans nombre que de vils préjugés trop enracinés, &
qu'un mot du Gouvernement peut détruire,
font à la conſtitution maritime de la France,
j'ai cru que le moment étoit propice, où
un Prince juſte & bienfaiſant occupe le
trône, entouré de Miniſtres éclairés, pour
en détailler les abus & les vices oppreſſeurs.
Tranquille dans ma médiocrité, ſpectateur
éloigné des premiers événements de cette
guerre, je me ſuis ſenti piqué d'un aigillon de
gloire, & j'ai preſque voulu entrer dans
une carriere que j'avois quittée, & dont je
ne me diſſimulois aucun des déſagréments.
J'euſſe vu de plus près & avec plus d'indignation, ſans doute, toutes les cauſes qui
s'oppoſent à la félicité, à la grandeur & à
la puiſſance de la Marine; j'euſſe vu que
tous ces obſtacles avoient pris racine dans
ſon propre ſein, & que le ſeul moyen d'en
guérir ſa conſtitution étoit de les en arracher. En conſidérant avec réflexion tous les
déſordres & le découragement qui en réſulte, j'ai conçu le projet d'une réforme
indiſpenſable, & en admirant de loin les
efforts étonnants que le Gouvernement fait
pour la Marine, j'ai gémi de leur inutilité
pour l'avenir, & je me ſuis dit; il n'en ſeroit pas ainſi d'une Marine bien conſtituée

& réellement puiſſante ; je dis réellement ;
parce qu'il faut bien diſtinguer, je ne ſau-
rois trop le répéter, la puiſſance véritable
fondée ſur la bonne proportion, & la vigueur de la conſtitution maritime, d'avec
l'apparence de la puiſſance fondée ſur une
trop grande extenſion de ſes moyens, ſur
des triomphes momentanés, ſur les talents
d'un grand homme, en un mot, ſur tout
ce qui ne peut pas durer. Une Marine conſtituée ſur mes principes ſera facile à gouverner ; ſon adminiſtration ſera uniforme
& ſtable ; elle mettra ſa gloire à répondre
aux intentions du Gouverment ; jamais ſa
préſence ne gênera le commerce ; nul acte
d'une autorité oppreſſive. Toujours prête à
lui donner du ſecours, elle fera reſpecter
les ſujets de l'Etat dans toutes les contrées,
ſur toutes les côtes ; elle facilitera les échanges, applanira les débouchés, & portera
toujours ſur ſes pavillons ces trois mots, qui
font tout le code du commerce maritime :
liberté, ſûreté, protection. Elle accueillera
les matelots étrangers, leur fera goûter les
avantages de ſon adminiſtration, leur ouvrira ſes arſenaux, ſes ports & ſes vaiſſeaux ; elle ne craindra pas l'eſpionnage,
parce qu'il n'y a que la foibleſſe ou l'ambition qui cache ſes moyens ; une Marine
puiſſante laiſſe voir les ſiens, comme un
Etat floriſſant laiſſe voir ſes chemins, ſes
Villes, ſes campagnes, ſes peuples ; ſûre
que le ſpectacle de ſa force & de ſes reſ-

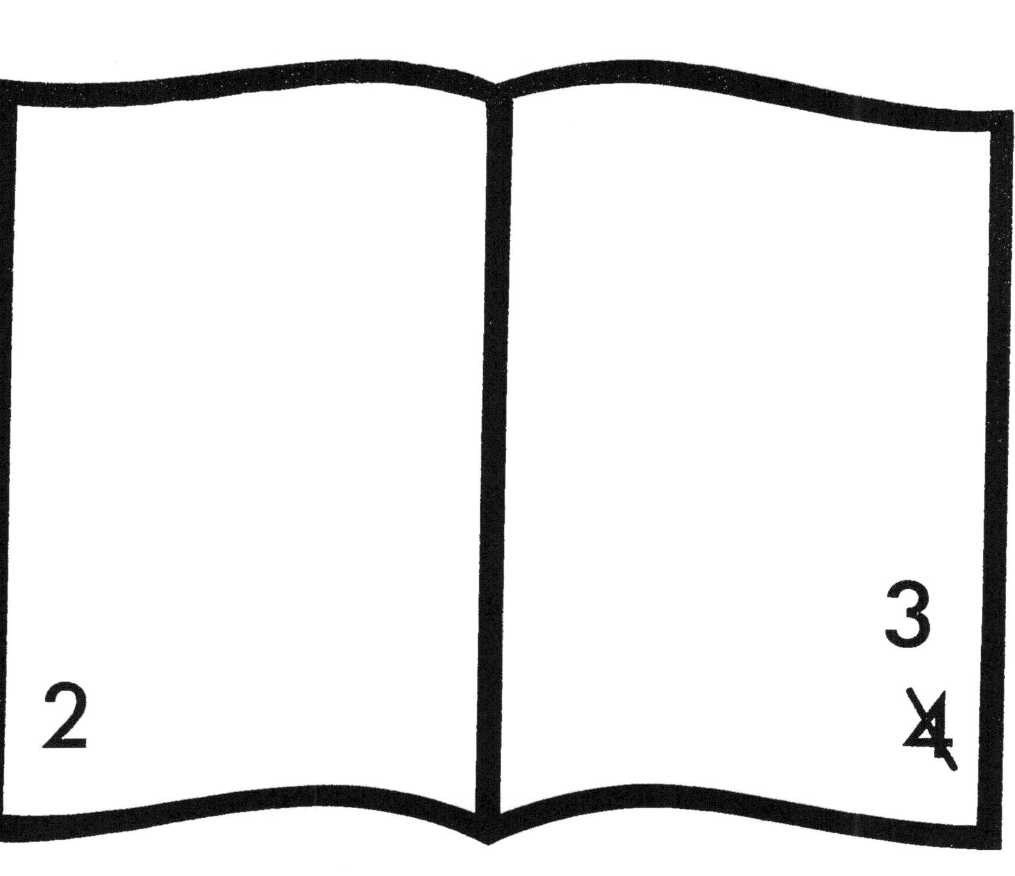

2
3
4

fources fera defirer de l'avoir pour amie plutôt que pour ennemie.

Si, malgré l'afpect impofant de fa puiffance, l'Etat fe voit forcé de repouffer par les armes les outrages de la jaloufie, ou les offences d'un voifin trop ambitieux, c'eft alors que la Marine, dont je viens d'ébaucher la conftitution, déploiera tous fes efforts; alors tomberont de deffus les yeux ces bandeaux du préjugé, qui prétend que le génie français n'eft pas fait pour la Marine. Celle dont j'ai peint l'adminiftration, fimple, puiffante & folide, reffemblera à ces vaftes machines, qui, par des refforts peu compliqués, produifent de grands efforts; fa force naîtra de fa force; fa profpérité de fa profpérité; le temps qui détruit tout augmentera fa puiffance; il démentira ce préjugé vulgaire, qui fait imaginer que toutes les inftitutions humaines font foumifes à une loi impérieufe de décadence. Si l'on jette les yeux fur l'hiftoire, cette loi femble exifter; elle eft écrite fur les débris de tant de flottes vaincues, fur les naufrages de tant de vaiffeaux; mais elle n'eft point irréfiftible, elle n'y fait point partie de ce fatalifme qui fans ceffe détruit & reproduit l'univers. Si une fage adminiftration fait maintenir les principes de fa conftitution, la Marine s'élevera toujours jufqu'à ce qu'elle ait atteint le point de fon afcendance, ou de fa plus grande force. Si le Gouvernement eft affez habile pour démêler ce point par delà lequel fon élévation ne feroit que l'affoiblir , s'il fait l'y arrêter, s'il fait l'y foutenir; la Marine , fixé à ce fait de puiffance & inébranlablement affermie fur la mer orageufe qu'elle aura fu dompter, pourra voir, fans s'étonner, les efforts de l'envie combinés contre elle.

O ma Patrie ! ce tableau ne fera peut-être pas toujours un rêve fantaftique! Tu peux le réalifer, tu peux avoir une Marine ainfi conftituée. Un jour, peut-être , échappant aux préjugés de fon fiecle , & placé dans des circonftances plus favorables, il s'élevera fur le Trône, un Prince qui voudra , d'une volonté ftable, cette grande révolution , & un grand homme qui l'opérera fous fes yeux. Dans les Ecrits de mes concitoyens, dans les miens, peut-être, ils en puiferont tous deux le defir & les moyens ; ils changeront nos opinions , ils détruiront nos erreurs , donneront du reffort au Gouvernement maritime, & porteront le flambeau de la vérité dans toutes les parties de fon adminiftration. Ils fubftitueront , à notre régie étroite & routiniere, qui entrave & tapiffe les opérations, la conftitution vafte & folide que j'ai taché de dépeindre. Alors s'évanouiront ces fauffes lueurs qui nous égaroient, cette pratique , cette routine adoptée par la pareffe & foutenue par l'ignorance ennemie de toute innovation , ces préjugés que nous appellons des principes; alors s'écroulera ce fyftême monftrueux &

décourageant, qui facrifie tout à l'intérêt de fa propre gloire ; alors s'anéantiront , devant ces hommes fupérieurs, ces petits moyens que la vanité a établie pour faire une barriere au mérite : dès qu'il fera connu , il aura droit à leur faveur ; ils rendront la Marine ce qu'elle peut devenir ; enfin, ayant mis le comble à la profpérité, & ne pouvant plus ajouter à fa gloire qu'en la rendant durable, ils n'auront plus qu'à jouir de la reconnoiffance des peuples.

F I N.

TABLE

DES CHAPITRES

CONTENUS DANS CET OUVRAGE.

Fin de la Table.

www.ingramcontent.com/pod-product-compliance
Ingram Content Group UK Ltd.
Pitfield, Milton Keynes, MK11 3LW, UK
UKHW021015140726
13695UKWH00001B/264